BIBLIOTHÈQUE DES CHEMINS DE FER

LES HÉROÏNES

NOUVELLES POLONAISES

PAR

G. VILBORT

PARIS
LIBRAIRIE DE L. HACHETTE ET Cie
BOULEVARD SAINT-GERMAIN, N° 77

1864

PRIX : 2 FRANCS

LES

HÉROÏNES

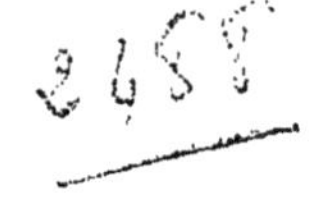

PARIS. — IMPRIMERIE DE CH. LAHURE
Rue de Fleurus, 9

LES

HÉROÏNES

NOUVELLES POLONAISES

PAR

J. VILBORT

PARIS

LIBRAIRIE DE L. HACHETTE ET Cie

BOULEVARD SAINT-GERMAIN, N° 77

1864

AUX POLONAISES.

A vous qui savez lutter et souffrir pour la plus juste et la plus sainte des causes;

A vous, mères, qui avez nourri de votre lait les héros qui meurent pour la liberté d'un peuple;

A vous, femmes, qui envoyez vos maris au combat et leur mettez au cœur votre fièvre d'héroïsme;

A vous, jeunes filles, qui donnez au pays votre amour virginal, et qu'on voit partout, au premier rang, parmi les plus vaillants;

A vous toutes, nobles héroïnes, ces pages d'un des plus sincères champions de la Pologne.

Daignez les accueillir comme un témoignage de son admiration et de son respect.

Paris, 25 octobre 1863.

AVIS AU LECTEUR.

Ceci n'est pas un livre d'histoire, et ce n'est pas non plus une chronique. C'est une image de la Pologne dans sa dernière lutte. Nous n'avons pas essayé de tracer des portraits, mais des types. Nous nous sommes surtout proposé de mettre en relief ce qu'il y a de grand et souvent de sublime dans le rôle des femmes. Si nous avons pu ajouter ne fût-ce qu'un grain de sable à l'édifice polonais qui se relève de ses ruines, notre but est atteint.

RÉSURRECTION

RÉSURRECTION.

I

Le 25 février 1861, vers cinq heures du soir, il y avait une foule immense sur la place du Vieux-Marché et dans les rues voisines. Varsovie honorait, par un deuil public, la mémoire des Polonais tombés en 1831 sur le champ de bataille de Grochow. Une procession sortait de la rue des Pigeons. Elle portait des drapeaux aux aigles blancs sur fond rouge. Beaucoup de ceux qui la composaient avaient revêtu le costume national : la czapka et la confédératka. Tous chantaient l'hymne :

> Dieu saint, Dieu puissant, Dieu immortel,
> . . . .
> Daignez nous rendre notre patrie.

Soudain, un escadron de gendarmes à cheval se

rue sur le peuple, le sabre à la main. « A genoux ! frères ! crie-t-on de toutes parts, et prions ! » Les gendarmes frappent, renversent, écrasent et laissent sur le carreau quarante-deux blessés.

Ainsi commença l'insurrection polonaise, qui ne fut d'abord qu'une prière, une plainte, un cri de désespoir de tout un peuple à genoux.

Le surlendemain, la population se porta en masse à l'église des Carmes pour honorer la mémoire du patriote Zawisza, qui fut pendu en 1833. Le service terminé, on se dirigea vers le palais des Lieutenants du roi où siégeait la Société agronomique : c'était une sorte de représentation nationale, et l'on voulait qu'elle participât à la manifestation du jour.

Tout à coup et sans provocation aucune, des cosaques débouchent d'une rue latérale et chargent le peuple, frappant avec le knout. D'autres les suivent et veulent aussi disperser la foule. Mais celle-ci, blessée, sanglante, avance toujours, chantant et priant, sans faire la moindre résistance. On parvient ainsi jusqu'à la rue du faubourg de Cracovie.

A ce moment, la grande porte de l'église des Bernardins s'ouvre pour laisser sortir un convoi funèbre. Les voix des prêtres se mêlent à celles des patriotes : à Varsovie, les vivants ne chantent que des hymnes de mort. Alors les cosaques se ruent comme des sauvages sur cette bière, symbole de la

Pologne depuis tout un siècle. Ils brisent la croix, déchirent les saintes images, et poursuivent jusqu'au pied de l'autel les fidèles épouvantés. Le prêtre qui porte la croix est frappé de trois coups de crosse en plein visage. Tout sanglant, il continue son chant sacré jusqu'à ce qu'il tombe. Un autre est mortellement blessé. Une vieille femme exaspérée ramasse une pierre, et la lance contre ces féroces agresseurs en les maudissant. Un coup de fusil part, puis deux, puis trois. C'est un feu de peloton. La rue est jonchée de morts et de mourants. Quatre cadavres sont enlevés par les cosaques et bientôt la Vistule les rejette près de Wiszograd. Le peuple emporte cinq morts.

Ce jour-là, comme l'avant-veille, aucun Russe ne fut blessé; aucun ne reçut la moindre égratignure. Il ne fut poussé ni un cri séditieux, ni proféré une parole de haine ou de menace.

A la première nouvelle de ce qui s'était passé à Varsovie, on envoya de Saint-Pétersbourg l'ordre de réprimer énergiquement la révolte, et de faire fusiller pour l'exemple les deux premiers étudiants pris les armes à la main. Mais le lieutenant du tzar répondit qu'il n'y avait pas de blessés parmi les Russes, et pas d'armes aux mains des Polonais. Alors, aux bords de la Néwa, on ne comprit plus rien à ce qu'on mandait des bords de la Vistule.

Une insurrection à genoux, où l'on menaçait avec des prières, où l'on se battait avec des larmes !

Et, comme pour achever cette page unique dans l'histoire, l'autorité russe décida que la paix publique serait confiée aux insurgés de Varsovie. Un comité de quatorze citoyens est chargé de la maintenir : un ancien général polonais, deux prêtres, deux banquiers, un négociant, un avocat, trois journalistes, un médecin, un photographe, un propriétaire, un cordonnier, ce dernier choisi en souvenir du fameux cordonnier Kilinski, qui ouvrit Varsovie à Kosciusko en 1794.

Dernier trait : ce sont les étudiants de la Faculté de médecine, de l'École des Beaux-Arts et de l'Institut agricole, tous jeunes gens de seize à vingt-trois ans, qui font la police de la ville. Partout ils sont respectés, obéis. Et pourtant les excitations, les provocations les plus directes ne manquent pas. Des faisceaux d'armes sont laissés par les Russes en divers endroits.

A la nouvelle des massacres de Varsovie, les paysans accouraient, armés de leurs terribles faux : les kossyniers sont célèbres ! Les étudiants s'élancent à leur rencontre, les arrêtent et leur persuadent de retourner dans leurs foyers.

L'autorité russe félicite les étudiants d'avoir si bien maintenu l'ordre :

« Vous avez assez prouvé que toute la ville vous obéit. Continuez à remplir cette tâche.

— Nous avons autre chose à faire.

— Au reste, nous avons des troupes maintenant.

— Nous sommes prêts à recevoir vos balles.

— Nous nous battrons.

— Nous ne nous battrons pas, vous nous assassinerez.

— Si vous voulez des armes, nous vous en donnerons.

— Merci, nous n'en ferions pas usage. »

Le 28 février, le comité de la sûreté publique fit afficher la proclamation suivante :

« Samedi 2 mars, à dix heures du matin, aura lieu l'enterrement des victimes de la journée d'hier. Au nom de la patrie, au nom des devoirs les plus sacrés et les plus chers à nous tous, nous abjurons nos concitoyens de faire en sorte que les honneurs rendus aux dépouilles de ces victimes soient empreints de la plus grande dignité et du plus grand calme. Habitants de Varsovie, écoutez la voix de vos frères. »

Jamais le deuil d'un peuple n'offrit un spectacle plus imposant et plus sublime que dans cette journée des funérailles. Toutes les rues de la ville ont été nettoyées dès la veille ; celles que doivent parcourir les morts, semées de sable fin. A quatre heures du matin, les étudiants, ces constables imberbes auxquels obéissent les barbes les plus blanches et les plus rudes, font fermer les cabarets. Les maisons sont tendues de draps noirs, coupés par des croix blanches. Tout le monde a pris le deuil, les pauvres comme les riches. A onze heures, après le service, le cortége part de l'église Sainte-Croix et se met en marche vers le cimetière Powonski. Il traverse Varsovie d'un bout à l'autre. Plus de cent mille personnes accompagnent les victimes. Tous les rangs, tous les partis sont confondus dans la même douleur. Un soleil radieux brille comme une espérance sur cette scène funèbre que ne trouble pas un cri, pas un murmure. Ces morts qu'illumine un rayon de l'éternelle vie n'annoncent-ils pas une renaissance?

Vingt officiers russes ont demandé à suivre les victimes : honneur à eux!

Le cortége s'avance dans l'ordre suivant : les orphelins et les vieillards, les élèves de tous les colléges, les corporations avec des cierges allumés, et leurs bannières recouvertes de crêpes. Le clergé catholique et protestant. Puis les cercueils portés à bras : ceux des ouvriers par des nobles, ceux des nobles par des ouvriers. Sur les cercueils, les insignes du martyre, des couronnes d'épines et des palmes. Ensuite le consistoire israélite et la foule silencieuse, où les costumes pittoresques des campagnards se mêlent aux sombres vêtements des citadins.

On arrive au cimetière. On s'agenouille, on prie. Point d'armée, point de police; dans les rues, des hommes libres; à chaque corps de garde, un enfant qui protége les soldats russes contre les exaltés de la foule, et les baïonnettes moscovites qui s'abaissent avec respect devant les Polonais affranchis par la mort!

Ces funérailles ne sont-elles pas une résurrection?

Quand on eut épuisé toutes les prières, toutes les larmes et toutes les couronnes sur les tombes, la foule sortit du cimetière. Les parents des victimes restèrent quelque temps encore auprès de leurs morts chéris, puis s'éloignèrent aussi. Alors, la solitude se fit autour des sépultures qui avaient disparu sous les fleurs. Cependant, une femme et trois hommes demeuraient là, à genoux, le front dans la poussière. La femme jeune et belle poussait des cris déchirants. Elle n'avait pas voulu troubler la solennité du deuil public par le spectacle de sa douleur; mais son désespoir se déchaînait maintenant. Là, sous la terre, gisait le bien-aimé de son cœur. Elle le voyait dans son cercueil, le corps percé de balles, inanimé, sanglant.

Les trois hommes avaient les yeux secs; mais ils priaient avec ferveur. Le plus âgé paraissait avoir soixante ans. Sa tête était toute blanche. Son beau visage exprimait autant de bienveillance que d'énergie. Son front et son geste étaient empreints d'une grande noblesse. Le second était un prêtre : petit et maigre, portant sur ses joues la rougeur phthysique, le regard décidé, pénétrant, le front élevé et déjà sillonné de rides, bien qu'il ne parût guère avoir plus de trente ans. Le troisième avait passé la cinquantaine. Il était habillé comme un simple artisan. Ses joues creuses, ses membres décharnés, sa grande taille toute voûtée annonçaient une vie traversée par les plus dures épreuves; mais un feu intense brillait dans ses yeux bleus, incessamment fixés sur quelque chose que les autres ne voyaient pas.

Quand le désespoir de la veuve éclata, les trois hommes relevèrent la tête, et parurent se consulter du regard. Le plus âgé fit un signe affirmatif aux deux autres; et ils se remirent en prières jusqu'au moment où la jeune femme, épuisée de larmes et de gémissements, tomba défaillante et insensible sur la terre.

Alors, tous trois, ils s'approchèrent de la veuve.

« Madame, dit le grand seigneur d'une voix douce, il n'est point de consolation pour votre douleur.

— Je veux mourir ! fit l'infortunée.

— Si la blessure de votre cœur est incurable, reprit l'homme aux cheveux blancs, si vous n'aspirez plus qu'à rejoindre votre ami dans l'éternité, que votre mort du moins soit digne de la sienne : dévouez-vous, sacrifiez-vous, mourez pour la patrie! »

La veuve rouvrit les yeux, et comme un enfant qui s'éveille, regarda ceux qui l'entouraient.

« Le ciel condamne le désespoir vulgaire, dit le prêtre d'une voix saccadée. Il accorde à la veuve polonaise une plus haute consolation que celle des gémissements stériles. Vos larmes ne vous rendront pas celui que vous avez perdu. Et pourquoi le pleurer puisqu'en mourant il a mérité la couronne d'épines? Essuyez vos yeux et que la joie brille sur votre visage! Méritez une si belle mort, mille fois plus désirable que la vie! Et comme vous l'a dit mon frère, dévouez-vous, sacrifiez-vous, mourez pour la patrie! »

En écoutant ce langage si héroïque, la veuve s'était relevée, renaissant à la vie.

« Oui, dit l'artisan à son tour, il n'est qu'un seul amour contre lequel le Moskal soit sans armes : l'amour de la patrie! Le tzar peut nous frapper, nous égorger, mais fût-il cent fois plus puissant et plus barbare, il ne saurait nous l'arracher du cœur. C'est de cet amour-là qu'il vous faut désormais aimer votre mari. Chérissez-le dans la Pologne tout entière; vengez-le en travaillant avec nous à la délivrer.

— Oui! s'écria la veuve, je veux le venger, je veux me dévouer, je veux mourir pour la Pologne! »

Et, faisant un pas vers eux, résignée, calme et forte :

« Ordonnez, frères ! ajouta-t-elle avec un geste superbe.

— Venez, » dit l'homme aux cheveux blancs.

Et sans ajouter une parole, ils sortirent tous les quatre du cimetière Powonski.

II

Dans la soirée du 14 janvier dernier, une des plus belles maisons de Varsovie étincelait de lumières. C'était celle de M. Casimir Bradniki, conseiller d'État du royaume de Pologne. Ce haut fonctionnaire donnait une fête que le gouverneur général devait honorer et embellir de sa présence, mais que tous les bons patriotes fuyaient comme la peste.

Par bonheur pour l'amphytrion, Varsovie possédait une citadelle richement ornée de canons, et une garnison de trente mille hommes libéralement pourvus de cartouches ; sinon la fête eût pu se changer en tragédie ce soir-là, car le peuple indigné ne parlait de rien moins que de faire flamber la maison de M. le conseiller d'État, pour ajouter à l'éclat de ses lustres. Au reste, l'honorable et prudent fonctionnaire avait eu l'heureuse idée de demander à l'autorité militaire une compagnie d'infanterie et une sotnia de cosaques pour protéger contre tout fâcheux accident sa belle maison, ses invités et lui-même. Les troupes occupaient toute la rue, et en écartaient les gens malintentionnés. Grâce à cette sage mesure, MM. les hauts dignitaires civils et militaires, MM. les employés de grade intermédiaire, avec Mmes leurs épouses, et Mlles leurs filles, purent arriver sans encombre dans les salons ruisselants de dorures et étincelants de bougies. Il n'y avait là qu'un Polonais, égaré comme un chien lépreux au milieu des Russes, M. le conseiller d'État que ses concitoyens exécraient et maudissaient : un traître !

Issu d'une ancienne famille du palatinat de Kalish, comptant de nombreux parents et amis dans l'émigration de 1830, ancien membre de la Société agronomique, M. Casimir, ainsi qu'on l'appelait, avait pendant longues années passé pour un bon patriote, et, comme tel, joui de l'estime générale, et même d'une certaine popularité.

Les petites gens avaient eu souvent recours à lui dans leurs démêlés avec le fisc moscovite. Et soit qu'il exerçât une réelle influence, soit qu'il fût un homme singulièrement habile, il lui était arrivé plus d'une fois d'obtenir justice pour ses clients. S'agissait-il de souscrire en faveur d'un exilé sans pain, ou d'un *malheureux*[1] de Sibérie, toujours il avait été des plus prompts à ouvrir sa bourse, bien garnie d'ailleurs, car M. Casimir, n'ayant pas émigré en 1831, le gouvernement paternel du tzar ne lui avait pris que la moitié seulement de son argent et de ses terres.

Enfin, depuis trente ans, il s'était tenu à l'écart de la chose publique; il avait constamment refusé toutes les fonctions, même celles de maréchal de la noblesse, vivant en gentilhomme campagnard au milieu de ses paysans qu'il traitait le mieux du monde, et, plus tard, se vouant tout entier à l'éducation de sa fille unique, la bell et charmante Lilla.

Vers la fin de 1860, il vint habiter sa maison de Varsovie, non pour lui, disait-il, mais pour elle, car Lilla avait dix-huit ans : il fallait songer à la marier.

Et voici que tout à coup, par un revirement inexplicable, il penche du côté des Russes, blâmant tout haut ses compatriotes de ne vouloir à aucun prix traiter avec le tzar. Aux fonctionnaires et aux officiers moscovites qui affluent dans sa maison, il

1. On désigne ainsi, en Russie et en Pologne, tout déporté sibérien

dit : « Vous ne me croiriez pas, messieurs, si je vous assurais que toutes mes sympathies sont pour la Russie : on aurait tort de nous demander l'impossible. Mais j'ai horreur de la guerre civile et du sang répandu. Je suis, moi, pour la paix quand même. J'appelle de tous mes vœux la fin d'une lutte fratricide, sans issue et sans résultat possibles entre deux familles slaves. Je crois aux bonnes intentions de l'empereur Alexandre ; je le tiens très-capable de faire le bonheur de la Pologne pour peu qu'elle veuille accueillir ses bienfaits, et le mettre ainsi à même de remplir ses promesses. »

Ce langage si étrange dans la bouche d'un ancien patriote plut singulièrement aux Russes, encore que la conversion et le loyalisme de M. Casimir leur parussent d'abord suspects. Mais lorsqu'ils virent ses meilleurs et ses plus vieux amis lui tourner le dos, et passer à côté de lui le chapeau sur la tête; lorsqu'ils surent que toute la population le poursuivait de son mépris, le considérant comme un traître, et que les gamins de Varsovie lui jetaient avec cette insulte de la boue ou des pierres, alors toute défiance à son égard cessa. On lui offrit un siége au conseil d'État. Et lui, qui avait constamment refusé, il accepta cette fois, comme pour braver l'opinion publique.

D'accusé, il se fit coupable. L'argent des Russes il n'en avait pas besoin, puisqu'il était riche. Un homme qui, dans son langage, dans sa mise, dans ses mœurs, s'était toujours montré la simplicité même, avait-il pu obéir à une vanité puérile, et en acheter la satisfaction au prix de son déshonneur? On se faisait cette question et bien d'autres. Les uns disaient que sous sa feinte bonhomie et son dédain apparent des grandeurs, M. Casimir avait caché, durant trente ans, une âme dévorée d'ambition et d'envie. D'autres prétendaient qu'en enrichissant ses paysans, il s'était complétement ruiné, et qu'il voulait maintenant relever sa fortune dans les emplois d'État pour établir sa fille. Beaucoup assuraient qu'il était devenu fou ou tombé en enfance. Mais d'une voix unanime, on accusait ce mauvais citoyen, ce banqueroutier du patriotisme. Les Russes pensaient à son sujet que la vénalité est une mauvaise herbe qui pousse vivace et drue sous toutes les latitudes, et ils s'en réjouissaient pour eux-mêmes. D'autres, plus honnêtes, ne voyaient en M. le conseiller d'État qu'un de ces panslavistes naïfs qui rêvent le triomphe de la démocratie slave par l'épée et par le knout des tzars.

L'isolement se fit si complet autour de lui que tous ses domestiques polonais le quittèrent. En vain leur offrit-il pour les retenir le double de leurs gages. « Pauvre, nous vous eussions servi pour rien, lui répondit son valet de chambre qui était né et qui avait vieilli dans sa maison, mais nous aimerions mieux périr de misère que de manger le pain d'un traître. »

Il n'était pas jusqu'à sa fille qui ne lui tînt rigueur, depuis le jour où il avait accepté un siége dans le conseil. Ardente patriote, moins que personne elle pardonnait à son père sa défection. Ne l'avait-il pas élevée dans la haine du Russe? Ne lui avait-il pas enseigné à chérir et à servir la patrie? Et maintenant, celui qu'elle aimait et vénérait par-dessus tout, elle le voyait affable et souriant au milieu de leurs ennemis; il les accueillait sous son toit, à sa table, il leur tendait la main, il buvait avec eux à la santé du tzar! Quel délire, et quelle abjection!

Ses reproches d'abord timides devinrent amers:

« Père, quand tu parles et agis comme tu le fais, avec un visage serein, et d'un air si convaincu, je sens me monter au front la rougeur de la honte. Oh! dis-moi qu'en épousant la cause du Moskal, c'est lui que tu trahis, et non pas la Pologne. Avoue que tu nourris quelque dessein caché, et que tu te résignes à mentir et à tromper pour mieux combattre des ennemis qui mentent et qui trompent. Père, je t'en supplie, rassure mon cœur dont l'amour et le respect se révoltent contre toi. »

Lilla fondait en larmes; ou c'étaient des transports d'indignation et de colère contre la sequelle russe qui avait envahi la maison, qui en avait chassé les patriotes, les amis et jusqu'aux plus fidèles serviteurs.

M. le conseiller d'État faisait invariablement cette réponse à sa fille :

« Tu n'as pas le droit de juger mes paroles ni mes actes. Je crois agir dans l'intérêt public. Qu'on me blâme, qu'on me méprise, je m'en soucie peu. Je n'ai à prendre conseil que de ma conscience. »

Et en parlant ainsi, M. Casimir essayait de se montrer sévère. Sa voix, quoi qu'il fît, trahissait son émotion. Il attirait Lilla sur son cœur, il couvrait de baisers cette tête adorée. La jeune patriote répondait à ses caresses, mais elle ne se sentait pas plus édifiée. Sa raison et sa conscience continuaient de protester.

Après plusieurs scènes de reproches ou de larmes, M. le conseiller d'État, n'ayant pas envoyé sa démission et se montrant, au contraire, plus que jamais partisan des Russes, le dissentiment devint si profond entre le père et la fille qu'ils ne se virent et ne se parlèrent presque plus. Lilla ne sortait de son appartement qu'aux heures des repas. Elle venait s'asseoir silencieuse à la table, et se levait sans avoir échangé dix paroles avec M. Casimir, silencieux comme elle. Il paraissait livré aux plus sombres préoccupations.

« Malheureux père, pensait Lilla, c'est le remords et la honte de sa trahison qui l'accablent. »

Et, parfois, cédant à un élan irrésistible de sa tendresse filiale, elle allait embrasser M. le conseiller d'État. Il la recevait et la retenait dans ses bras, il la pressait sur sa poitrine, dans une étreinte passionnée; mais ils se séparaient sans s'être rien dit, comme s'ils eussent craint de se dévoiler leurs âmes l'un à l'autre. Le 14 janvier, pourtant, M. Casimir avait dit à Lilla :

« J'ai beaucoup de monde ce soir, et je te prie de faire les honneurs de mon salon.

— Ne me demandez pas cela, mon père; c'est au-dessus de mes forces. »

M. le conseiller d'État fronça le sourcil, mais se tut; et tandis qu'il marchait à grands pas, en proie à une émotion violente, la jeune patriote sortit et alla s'enfermer chez elle.

Elle ne se montra pas à la soirée qui fut extraordinairement brillante. Ce n'étaient qu'uniformes russes, constellés de crachats et de décorations russes, diamants et perles russes, sourires et visages russes. Un célèbre ténor de Moscou chanta un grand air russe, et un premier prix au Conservatoire de Saint-Pétersbourg fit sauter au piano MM. les capitaines, lieutenants et sous-lieutenants russes, ainsi qu'un aimable et joyeux essaim de petites filles en *off*. M. le conseiller d'État était rayonnant. Au milieu de toute cette Russie, il paraissait heureux comme un poisson dans l'eau.

Mgr le gouverneur général lui fit l'inappréciable honneur de traverser son salon. Il poussa la condescendance jusqu'à féliciter M. Casimir sur l'éclat de sa fête; il daigna même s'informer de Lilla.

« Elle est souffrante, monseigneur, lui répondit M. Casimir. Permettez-moi de vous exprimer tous ses regrets. »

Et quelque chose d'étrange, d'indéfinissable, passa sur son visage : était-ce de la tristesse, de l'ironie, de la honte ou de la fierté? Mgr n'en vit rien. Il n'en fut pas ainsi d'un grand diable de domestique, maigre comme un clou, à l'œil clair et brillant, qui passait en ce moment les bras chargés d'un plateau de rafraîchissements.

C'était le nouveau valet de chambre de M. Casimir. Et j'ai eu tort de dire qu'il n'y avait qu'un seul Polonais à la fête; il y en avait deux : M. Casimir et son valet de chambre. Mais pour les gens du monde, un domestique n'est pas quelqu'un. M. le conseiller d'État, si vaniteux qu'il fût, ou qu'il parût l'être, faisait pourtant une infraction à cette règle de la puérilité civile et honnête en faveur du seul de ses compatriotes qui eût consenti à entrer au service d'un misérable traître comme lui. Il avait presque des égards pour ce domestique; il en avait fait son homme de confiance, et le chargeait de toutes ses commissions. Aussi, le valet de chambre polonais excitait-il de vives jalousies à l'office parmi la valetaille russe. Il n'était pas plus ancien que les autres dans la maison, puisqu'il n'y était entré que depuis la défection du maître, abandonné par tous ses serviteurs patriotes. Pourquoi donc était-il mieux traité ?

Il n'eût pas seulement excité la jalousie des domestiques, mais aussi leur méfiance, s'il leur avait raconté son histoire. Soldat patriote et plusieurs fois blessé en 1830, il avait ensuite conspiré. Condamné aux mines d'Irkoutsk, il en était revenu à pied, à travers toute la Sibérie et toute la Grande-Russie. Ils ne sont que deux ou trois en Pologne qui aient accompli ce voyage fabuleux. A son retour, personne ne le reconnut ; il n'inspira aucun soupçon aux autorités russes. Auraient-elles pu s'imaginer que ce pauvre diable revenait de si loin, réalisant une entreprise que les plus grands savants et les plus cruels bourreaux de Moscovie tiennent pour impossible. Comme on ne savait plus son nom, on l'appela le Polonais. Le nom lui plut, il l'adopta. Depuis lors, il avait exercé plus d'un métier pour vivre. Singulièrement distrait par nature, et rêvant plus qu'il ne travaillait, il ne réussissait guère mieux à l'un qu'à l'autre :

« Lorsque M. le conseiller d'Etat a bien voulu m'engager, avouait-il à l'office, je n'avais pas mangé depuis deux jours. »

Au reste, ceux qui le jalousaient ne le détestaient

pas. Il faisait bien son service et ne tirait pas vanité de la faveur du maître. Si peu communicatif qu'il fût, il se montrait complaisant et prêtait volontiers un coup de main à qui le lui demandait poliment. Il parlait peu, n'écoutait guère, et sa sobriété était un sujet de nombreux quolibets. Le Polonais, tout absorbé en lui-même, n'y ripostait pas. Cependant, si les rieurs, s'excitant les uns les autres, dépassaient certaines bornes, il les regardait d'une façon qui leur coupait net la langue.

Remontons de l'office au salon. Nous y verrons entrer une femme merveilleusement parée, éblouissante de beauté et de jeunesse. On fait cercle autour de cette reine. Les plus titrés et les plus décorés se montrent avides d'un de ses regards. Ceux qui ne peuvent approcher de son trône, se pressent du moins pour la voir et pour l'entendre. Elle paraît sensible à l'hommage qu'on lui rend ; un triomphant sourire s'épanouit sur ses lèvres :

« Messieurs, dit-elle, et aussitôt le silence se fait, messieurs, j'arrive de Saint-Pétersbourg. L'empereur, notre auguste maître, m'a fait un accueil paternel, dont j'ai été profondément touchée. « Retournez à Varsovie, m'a-t-il dit, et répétez à vos « compatriotes que je les porte dans mon cœur « comme mes autres sujets russes ; mais j'entends « que l'ordre établi par mon père soit maintenu. « Ainsi point de rêveries ! Le bonheur de la Pologne

« dépend de son entière fusion avec les peuples « de mon empire. Ce que mon père a fait est donc « bien fait ; je le maintiendrai. » Voilà ce qu'a dit le tzar, messieurs, poursuivit la jeune femme; et voilà, mon cher compatriote, ajouta-t-elle en jetant un étrange regard à M. le conseiller d'État, ce qu'il faut que vous répétiez aux nôtres pour qu'ils ne se fassent pas de dangereuses et coupables illusions. »

En prononçant ces derniers mots, sa voix s'altéra et l'on put voir qu'elle avait fait un grand effort sur elle-même. Mais elle se remit aussitôt et dit :

« Je ne puis contenir mon émotion, messieurs, quand je songe à la bonté, à la générosité, à l'amour que notre auguste maître a fait éclater devant moi pour la Pologne. Malheureusement j'ai à vous annoncer une nouvelle qui mêlera peut-être quelque fiel à la joie de mes compatriotes : le décret sur le recrutement doit être exécuté cette nuit.

— Vraiment, cette nuit, fit M. le conseiller d'Etat en pâlissant un peu.

— Au point du jour ; et je m'étonne qu'aucun de ces messieurs n'en soit encore instruit. L'ordre est arrivé ce soir de Saint-Pétersbourg. »

En ce moment, le Polonais armé de son plateau vint offrir une glace à cette belle admiratrice du tzar. Elle lui fit un léger signe, et le valet de chambre de M. Casimir lui répondit dans la même langue. Il sortit et ne reparut plus. Quant à M. Casimir, il distribuait au même instant, à des officiers supérieurs, divers plis cachetés qu'un de ses gens venait de lui remettre. C'étaient des ordres relatifs à la razzia polonaise.

Plusieurs généraux et colonels se retirèrent avec leurs officiers. Leur sortie termina la fête ; il était près de minuit. Tandis que le flot des invités allait vers la porte, une voix de femme dit au milieu du salon, de manière à ce que beaucoup pussent l'entendre :

« J'ai horreur des auberges, mon cher conseiller, et je me suis permis de descendre chez vous. L'hospitalité, s'il vous plaît, pour cette nuit. Demain, je retourne à ma thébaïde des bords du Bug. Je vais y vivre avec les loups. »

C'était l'admiratrice du tzar qui parlait ainsi ; la veuve inconsolable du cimetière Powonski, la belle Wénéda Lajinska.

III

En Pologne, les faits les plus incontestables paraissent si éloignés de la vraisemblance, le fantastique est tellement mêlé aux événements de chaque jour, que, dans un siècle, l'historien qui voudra raconter ce drame palpitant et terrible, hésitera effrayé, se demandant s'il n'est pas la proie de quelque hallucination sanglante, si toute cette épopée merveilleuse et sinistre n'est pas le fruit monstrueux d'une imagination en délire.

Et, en vérité, cette lutte, cet écrasement et ce martyre d'une nation, qui durent depuis cent ans; ce supplice perpétuel, cette tombe toujours ouverte, cet héroïsme se retrempant dans les tortures, ce patriotisme renaissant dans la mort, ce grand crime qui fait rougir l'humanité, cette gloire sans pareille qui couronne la Pologne sur son Golgotha, ce drame enfin, unique et inouï, n'appartient-il pas au monde de la fiction autant qu'au domaine de l'histoire, et n'est-ce pas un Homère qu'il appelle plutôt qu'un Tacite?

Quel tableau émouvant et tragique le poëte tracerait de cette nuit du 14 janvier où le faucheur moscovite essaya de moissonner la fleur de la jeunesse polonaise.

Des hommes armés sortent de la citadelle et des casernes. Muets et étouffant le bruit de leurs pas, ils se glissent comme des ombres dans la ville endormie. Ils sont cent, mille, dix mille, et le nombre en augmente sans cesse. Bientôt, il y en a sur toutes les places et dans tous les carrefours. Les canons sont braqués, les fusils chargés. Des patrouilles de cavalerie, le sabre au clair, parcourent les rues où une sentinelle veille à la porte de chaque maison. Pourquoi ce déploiement de forces? Pourquoi ce luxe extraordinaire de surveillance? Craint-on que Varsovie, à genoux la veille, ne veuille se mettre debout cette nuit-là? S'imagine-t-on que des armes soient tombées du ciel à cette population héroïque que les cosaques ont impunément frappée de leurs fouets? Ou bien, prend-on ces citoyens pour des voleurs et des assassins, et veut-on les arrêter en masse?

Non vraiment: ce sont des enfants que l'on va voler à leurs mères, c'est une génération de jeunes hommes que l'on veut anéantir, en l'envoyant à l'armée du Caucase sous la capote grise.

En 1863, il devait y avoir une levée générale dans l'empire de toutes les Russies; mais le plus édifiant des libéralismes décide, à Saint-Pétersbourg, qu'il n'y aura pour cette fois qu'un recrutement partiel dans le royaume de Pologne, et que, par exception aussi, on évitera les incommodités légales du tirage au sort. On ne fixe pas le chiffre des recrues et l'on confie à la police le soin de les désigner. Elle dressera les listes dans le plus grand mystère; elle y nscrira les jeunes gens des villes, les individus mal notés pour leur attitude pendant les derniers événements. Le but où l'on vise, c'est de se débarrasser de ceux en qui la Pologne renaît, des enfants, ces hommes de demain, son espoir, son orgueil et sa force. Tous sont couchés sur ces tables de proscription.

La sagesse moscovite décide que le plus sûr moyen de s'emparer d'eux, c'est d'aller les prendre, par surprise, la nuit, sous l'aile de leurs mères.

Les voyez-vous ces soldats et ces capitaines qui ont glorieusement bravé la mort sur les champs de bataille, les voyez-vous courir dans les ténèbres comme des larrons ; les voyez-vous forcer les portes et violer le sanctuaire de la famille, le sabre au poing, la menace aux lèvres, sans respect pour la pudeur des vierges, sans pitié pour les larmes des mères ! Les voyez-vous, ces héros, garroter des adolescents endormis !

Les conscrits, ou plutôt ces proscrits de vingt ans, sont d'abord menés à l'hôtel de ville; puis, par bandes de vingt-cinq à trente, conduits à la citadelle, entre deux haies de soldats et les mains attachées sur le dos comme des galériens. Ils paraissent résignés à leur sort ; quelques-uns font entendre des chants patriotiques. Dans cette horrible nuit, comme aux journées de février, il n'y eut point de rébellion.

Ainsi l'insurrection par la résignation et le sacrifice reculait les limites de l'héroïsme. Ainsi la Pologne se préparait et s'exerçait, par le martyre, à la lutte suprême où elle allait reconquérir la liberté dans la victoire ou dans la mort.

Cette divine vertu de l'abnégation, les Russes y insultèrent; ils n'y voyaient, eux, que l'épouvante du vaincu, la lâcheté de l'esclave. Ils annoncèrent à l'Europe frappée de stupeur que jamais les recrues n'avaient montré tant de bonne volonté, qu'elles manifestaient gaiement leur satisfaction, et qu'il y avait même des volontaires. « Cette goutte de poison fit déborder le calice[1]. »

Alors la Pologne sans armes, sans munitions, déclara la guerre à la Russie.

Dans les premiers jours qui suivirent ce recrutement à la russe, plusieurs bandes de patriotes se formèrent aux environs de Varsovie, les unes se portant à l'ouest de la Vistule, dans les forêts de Blonie, les autres se dirigeant au nord, du côté de Serock, petite ville au confluent du Bug et de la Narew.

C'étaient pour la plupart des recrues échappées par un miracle aux limiers de la police; mais à vrai dire le valet de chambre de M. le conseiller d'État était pour quelque chose dans ce miracle. Après avoir offert une glace à la belle Wénéda, le Polonais avait mis son plateau sur les bras d'un confrère galonné, en lui disant :

1. M. de Montalembert.

« Je ne peux plus me tenir sur mes jambes, il faut que je me couche.

— Qu'as-tu donc?

— Je me sens tout malade; d'ailleurs, la fête touche à sa fin. »

Il était monté à sa mansarde en traînant la jambe, tandis qu'on le plaignait dans les antichambres.

« Ce pauvre Polonais! il n'en a pas pour longtemps. Avez-vous vu comme il est pâle ?

— Il est plus près de l'enterrement que de la noce. »

En effet, le Polonais dont les joues n'eussent jamais pu rivaliser avec celles d'une Flamande, les avait maintenant plus blanches qu'un Albinos; dans ses yeux, par contre, brillait une flamme ardente.

« Son regard brûle comme la fièvre.

— Il faut lui monter du thé.

— Je m'en garderai bien : « surtout qu'on me laisse tranquille, m'a-t-il dit à sa manière.... »

On ne troubla pas le repos du malade.

Étrange maladie et singulier repos! Par l'escalier des maîtres il était monté avec une lenteur du plus mauvais augure jusqu'à sa chambre; mais il en redescendit aussitôt, par l'escalier de service, avec la rapidité de la flèche. Il portait encore sa livrée qui allait lui rendre, cette nuit-là, le plus signalé service que jamais livrée ait rendu à homme libre. Sa qualité de valet de chambre de M. le conseiller d'État devait aussi lui être singulièrement utile. A peine, en effet, le Polonais eût-il franchi le cordon de sûreté qui entourait la maison de M. Casimir et dépassé les voitures qui attendaient ses hôtes, qu'il se sentit pris au collet par un agent de police.

« Ordre de M. le conseiller d'État, fit-il en montrant un pli cacheté.

— Allez ! »

Un peu plus loin, une patrouille l'arrêtait.

« Ordre de M. le conseiller d'État, » répéta-t-il, sur le même ton convaincu et avec le même geste convainquant.

Durant toute la nuit le Polonais courut les rues de Varsovie, protégé par son habit galonné et par le pli cacheté de M. le conseiller d'État. Tout en courant, il heurtait à une porte, puis à une autre, à une troisième, à dix, à vingt, à cent ! Il jetait quelques mots à la hâte à qui venait lui ouvrir et reprenait sa course folle. Il ne rentra chez M. Casimir qu'au point du jour, quand toutes les rues furent remplies de soldats. Les domestiques russes ronflaient comme des orgues. Lorsqu'il parut à l'office, et qu'on lui demanda s'il avait eu une bonne nuit :

« Excellente, » répondit-il.

Excellente vraiment : il avait enlevé cent conscrits à la Russie, arraché cent proscrits à l'exil, donné cent défenseurs à la Pologne. Les adolescents avertis par lui, s'échappaient le lendemain de Varsovie pour aller former la première *phalange du désespoir*. En survit-il un seul?

IV

Tandis que chaque jour les plus favorisés allaient sans vivres et sans armes, combattre et mourir pour la patrie, les *malheureux*, formés en longs convois, se mettaient en marche pour le Caucase ou la Sibérie, après avoir dit, dans un regard, à parents et amis le terrible « à ne plus nous revoir[1]. » Beaucoup de ces infortunés attachés deux à deux, et souvent une dizaine à une barre de fer, étaient menés dans la direction de Kiew. Et ceux qui résistaient aux misères du voyage continuaient de marcher à travers la Grande-Russie. Une sotnia de cosaques surveillait et enveloppait de toutes parts ces innocents, chargés de fers comme des criminels. La lance ou le fouet excitait à la marche le retardataire épuisé ou malade. Le silence résigné était le meilleur et

1. C'est le suprême adieu du déporté à sa famille

même le seul refuge contre la brutalité des soldats d'escorte qui, d'ailleurs, avaient pour consigne de ne point épargner le sang des chiens de Pologne. Toute plainte ou toute rébellion appelait aussitôt une grêle de coups sur le coupable, quand elle ne lui valait pas quelque blessure plus grave.

Parmi les *malheureux* qui sortirent de la citadelle et de la ville, le lendemain du recrutement, se trouvait le jeune israélite David Stiebel. Il avait dix-huit ans; sa femme Judyta quinze à peine. Elle était renommée pour sa beauté dans le faubourg de Praga; et lui, on le citait pour bon ouvrier et chaud patriote. Toute la population juive fêtait quelques jours auparavant les noces de ces enfants qui s'adoraient. Que de vœux sincères on avait fait pour leur bonheur qui semblait devoir être inaltérable. Ils étaient jeunes, leur amour était partagé, ils gagnaient honnêtement leur vie. Enfin, l'âge de David le mettait à l'abri de la conscription. Mais, je l'ai dit, il était chaud patriote, et c'est un crime que le Moskal ne pardonne à aucun âge.

Par une belle matinée d'avril des petits garçons de Nowy-Zjazd, près de Varsovie, jouaient à la petite guerre. D'un côté étaient les Polonais, de l'autre les Russes. Soudain, des soldats moscovites accourent, tombent sur les premiers, en frappent quatre de verges et en blessent un cinquième grièvement. Quoi d'étonnant après cela que David Stiebel, malgré qu'il n'eût pas l'âge légal, fût incorporé le 15 janvier au matin dans l'armée du tzar. Un agent prudent et zélé l'avait inscrit sur la fameuse liste de conscription, de proscription veux-je dire : en fallait-il davantage? Qu'aurait-il pu, le coupable, alléguer pour sa défense?

Mais Judyta n'entendait rien à la politique. Si elle haïssait les Moskali, au moins autant que les foudroyés de l'enfer, elle préférait son mari au ciel même. Lorsqu'on vint le lui prendre entre ses bras, elle poussa des cris si sauvages que plusieurs soldats en furent remués jusqu'aux entrailles. Un vieux sergent moins sensible mit bravement la main sur le jeune israélite. Judyta bondit comme une lionne sur cette main et la mordit au sang. La vaillante petite femme fut brutalement jetée à la porte de sa maison, tandis qu'on liait les bras de son mari. Respectant l'ordre du comité national, il n'opposa aucune résistance. On le conduisit comme les autres recrues à l'hôtel de ville d'abord, à la citadelle ensuite. Judyta le suivait en criant de douleur.

David tenait les yeux baissés pour ne pas rencontrer le regard de sa bien-aimée : en la voyant, il eût senti défaillir tout son courage. Lorsque la porte de la citadelle se fut refermée sur lui, Judyta se coucha par terre, et y resta sans un mouvement, sans un cri, toute la fin du jour et toute la nuit suivante. Le matin, les portes de la forteresse s'ouvrirent pour livrer passage à un convoi de *malheureux*. La juive poussa une exclamation joyeuse en apercevant le pauvre Stiebel parmi ses compagnons d'infortune. Elle se leva aussitôt et se mit à suivre, en silence et d'un pas allègre, le lamentable cortége : son parti était pris.

« Je l'accompagnerai, se disait-elle, jusqu'au Caucase, jusqu'en Sibérie; la route est libre pour tout le monde, et je serai heureuse n'importe où, pourvu que je sois auprès de lui. »

Ni les prières de ses amis, ni les supplications de sa mère ne purent la retenir.

« Il est écrit, leur répondit-elle, que le mari et la femme « seront une même chair[1]. » Ne désobéirais-je pas à Dieu, si j'abandonnais dans le malheur la moitié de moi-même? »

Elle sortit de Varsovie, les yeux attachés sur son bien-aimé, le visage rayonnant de cette auguste sérénité que donne le dévouement absolu, inspiré par un amour sans bornes.

« En me voyant, il reprendra courage, et moi je n'ai qu'à le regarder pour me sentir capable de marcher toute ma vie. Ainsi, nous soutenant l'un l'autre, nous parviendrons sans mal, jusque dans « le pays d'où l'on ne revient pas[2]. » Et qui sait si

1. Genèse, II, 24.
2. Dicton populaire de Pologne.

un jour je ne réussirai pas à détacher ses liens et à le délivrer ; nous fuirions ensemble sous un ciel où l'on puisse vivre en s'aimant et en travaillant. Il s'en trouve quelque part dans le monde, car le Moskal n'est pas le maître encore de toute la terre. »

Cette idée une fois entrée dans sa tête, n'en sortit plus. Judyta marcha jusqu'au soir, à cent pas environ du convoi, faisant et défaisant mille plans pour la délivrance de son mari. Il savait qu'elle le suivait; il lui envoyait toutes les adorations de son âme. Transporté d'une folle joie, il se reprochait cette joie égoïste, en songeant à tous les dangers et à toutes les misères qu'allait braver pour lui sa femme et son bon ange. Mais l'amour qui excuse tout, qui embellit tout, et qui est plus fort qué tout, imposait silence à ses généreux scrupules, et ravissait en extase cet enfant attaché à une barre de fer, sur le chemin d'un exil éternel. Il aurait donné dix ans de sa vie pour remercier et encourager par un sourire celle qui venait par derrière; mais il n'osait pas tourner la tête, de peur d'attirer l'attention des cosaques sur sa Judyta.

Le chef du convoi commanda la halte près de Karczew, devant la maison d'un débitant d'eau-de-vie, pour y passer la nuit. Il fit enfermer les conscrits dans une grange; et lorsqu'ils eurent mangé un méchant morceau de pain, il donna l'ordre qu'on leur rattachât les mains derrière le dos. Quelques cosaques furent placés en sentinelle près de la grange, tandis que les autres se régalaient et s'enivraient dans le cabaret avec l'argent trouvé dans les poches des *malheureux*. Pour les cosaques, le droit des gens se résume à ceci : « Tout argent est bon à prendre, et tout argent est à qui peut le prendre. »

Lorsqu'on releva les sentinelles, ceux qui étaient à jeun allèrent s'enivrer à leur tour dans le cabaret, où ils ronflèrent bientôt comme des bourdons de paroisse.

Alors Judyta, respirant à peine, s'avança à pas de loup vers la grange. La porte ne fermait qu'au loquet, et la petite juive s'en était aperçue. Elle n'était armée que de ses ciseaux d'ouvrière. Quelques pas seulement la séparaient encore de celui qu'elle voulait délivrer, quand tout à coup, un bras vigoureux la saisit à la taille, et une main de fer lui couvrit la bouche.

En un clin d'œil, malgré sa résistance désespérée, elle fut entraînée à cinquante pas sur la route:

« Ma belle enfant, lui dit son ravisseur, sois douce et gentille. Je te surprends en faute, et je pourrais te casser la tête, il n'en serait ni plus ni moins; mais Dieu me garde de changer en squelette une si jolie mignonne faite pour l'amour. »

Et il voulut embrasser Judyta.

« Misérable ! cria-t-elle, en lui crachant au visage.

— Ah ! fit l'homme en ricanant, c'est ainsi que tu réponds à mes baisers. Depuis ce matin, je te vois nous suivre, et ma foi ! tu m'as plu. Il y a là-bas un petit juif que tu aimes, ton amant sans doute ; je te l'eusse rendu peut-être, si tu avais été bonne ; mais maintenant.... »

Il fit un geste brutal, et s'écria :

« Vivante ou morte, tu seras à moi ! »

Judyta se défendait avec ses ongles et ses ciseaux ; mais le cosaque avait une force d'athlète, et elle allait succomber dans cette lutte inégale. Soudain, ô miracle ! elle voit les bras de son ennemi se détendre, elle entend un cri sourd, le chef du convoi tombe expirant sur la route. Judyta aperçoit devant elle une ombre silencieuse ; et dans son exaltation, se jetant à genoux :

« Tu es un ange ! dit-elle.

— Je suis un patriote, répondit l'ombre. Voilà ma première victoire sur les Russes. »

C'était un jeune homme, presque un enfant. Sous sa czapka et sa confédératka, il avait des formes et des grâces féminines.

« Viens ! dit-il à la petite juive. Nous avons des amis près d'ici. On m'a détaché en sentinelle avec les plus jeunes de la bande pour nous aguerrir. Et, ajouta-t-il en se détournant du cadavre, maintenant je ne crains plus rien. »

Judyta et son sauveur s'enfoncèrent dans un bois, à droite de la route. Au bout de quatre à cinq cents pas, on leur cria :

« Qui vive!

— Pologne! répondit le jeune patriote qui se rendit auprès du chef de la bande.

— Pourquoi as-tu quitté ton poste? lui demanda celui-ci.

— Un cosaque maltraitait cette femme, je l'ai tué.

— C'est bien! mais une sentinelle demeure à son poste jusqu'à ce qu'on la relève.

— Il y a un convoi de conscrits là-bas, dit le petit patriote, en étendant la main dans la direction du cabaret.

— C'est différent, dit le chef, tu as bien fait de m'en avertir. »

Et il donna un ordre. Au bout d'un instant, ses soldats étaient rassemblés autour de lui. Étrange bataillon vraiment! des hommes de tout âge, de tout rang, et même des femmes; beaucoup d'enfants de dix-neuf à vingt ans, quelques vieillards. Et quelles armes! des faux, de vieux sabres, de méchants pistolets et des batons!...

« Mes amis! dit le chef, nous allons délivrer quelques-uns de nos frères. Il est possible que plusieurs d'entre nous succombent pendant le combat. A genoux! pour que je vous absolve de vos péchés et vous bénisse.

Le chef était un prêtre, celui-là même que nous avons rencontré au cimetière Powonski. Tous les combattants s'agenouillèrent avec le Prêtre qui pria quelque temps à voix basse.

Puis s'étant relevé :

« Mes enfants, dit-il avec onction, je vous absous, et vous bénis, au nom du père, du fils et du saint-esprit.

— Amen, répondirent les fidèles.

— Que chacun fasse son devoir, c'est tout ce que j'ai à dire en ce moment à des patriotes qui veulent affranchir notre sainte et chère Pologne. »

Et silencieusement on se mit en marche, le petit jeune homme au premier rang, et, à côté de lui, Judyta dont le cœur palpitait d'espoir.

Une heure après, les recrues du tzar renforçaient la bande du Prêtre. Les cosaques surpris, ivres et sans chef, n'avaient guère fait de résistance. En voyant tomber deux des leurs, les autres s'étaient enfuis à toute bride. Il n'y eut qu'un blessé du côté des Polonais, et encore il disait en souriant, tandis que Judyta le pansait, assistée de David :

« Ce n'est rien, une légère entaille au bras. »

En voyant un bras blanc comme neige, merveilleusement arrondi et le plus beau du monde, la juive releva la tête, et regarda fixement son sauveur :

« Vous êtes une femme ? » lui dit-elle tout bas.

Lilla, la charmante Lilla, la fille de M. le conseiller d'État, mit un doigt sur ses lèvres.

Stiebel suivait cette scène muette d'un œil curieux et même un peu inquiet.

« Ingrat! lui dit Judyta d'un air de doux reproche, ne vas-tu pas devenir jaloux de celui qui m'a sauvé l'honneur et la vie.

— Frère! dit l'israélite à Lilla, c'est une dette dont je ne pourrai jamais m'acquitter envers toi. Sache seulement que je t'appartiens corps et âme.

— Vraiment, observa Judyta en souriant avec malice, moi aussi je pourrais être jalouse. »

Ceci se passait dans la grange qui tout à l'heure était une prison. En ce moment un beau jeune homme y accourut hors d'haleine. C'était une des recrues délivrées et le compagnon de chaîne de David. La taille élancée, les mains fines, le nez aquilin, le regard doux, mais franc et ferme, de longs cheveux naturellement bouclés : un type chevaleresque. Maintenant surtout qu'il venait de donner la chasse aux Russes, son visage enflammé par la lutte et toute sa personne respiraient la plus noble fierté, le plus indomptable courage. Lilla ne put le voir sans émotion, et elle rougit quand le comte Maryan, s'approchant d'elle et se découvrant avec grâce, lui dit :

« J'étais inquiet de vous, frère, car vous avez reçu cette blessure pour moi. Si vous n'aviez pas détourné le fer du cosaque avec ce bras que vous portez en écharpe, j'étais percé d'outre en outre. Bah! fit-il avec une sorte de mélancolie stoïque, aujourd'hui ou demain.

— Oh! monsieur, fit Lilla dont la voix tremblait et qui faillit se trahir, faut-il montrer ce dédain de la vie, quand la Pologne a besoin de ses défenseurs.

— J'ai voulu seulement dire, répliqua Maryan, que je suis prêt à mourir pour elle.... et pour vous, » ajouta-t-il en lui serrant la main avec effusion.

Lilla, cette fois, pâlit.

V

On rentra sous bois, et l'on campa près d'une clairière pour passer la nuit à la belle étoile, chacun le mieux qu'il put. On manquait de tout dans ces premiers jours de guerre. Et ce fut avec une grande joie que ceux qui s'en étaient montrés les plus dignes, reçurent les sabres des cosaques en échange de leurs bâtons.

Au point du jour, un coup de sifflet se fit entendre, et en un clin d'œil tout le monde fut debout et rangé en bon ordre. Le Prêtre conduisit sa troupe à l'autre extrémité de la clairière, devant un grand Christ étendu sur sa croix et couronné d'épines naturelles.

Là, le chef attacha au bout d'un bâton un drapeau aux couleurs nationales; on y voyait l'image de Notre-Dame de Czenstoschowa, patronne de la Pologne. Il planta l'étendard devant la croix et fit signe aux patriotes d'y déposer leurs armes. On lui obéit; puis chacun ayant repris sa place, le Prêtre se recueillit un moment. Ses joues creuses, aux pommettes rouges et saillantes, sa longue barbe brune, son front sillonné de rides composaient une physionomie pleine de force et d'énergie, qui imposait le respect.

« Frères, dit-il, c'est une œuvre sainte, mais redoutable à laquelle nous nous vouons. Elle est au-dessus des courages vulgaires, et avant de vous y engager davantage, il faut que vous sachiez ce qui vous attend et ce que moi-même j'exige de vous. »

Les patriotes écoutaient le Prêtre, la tête découverte devant la croix et l'étendard. Autour d'eux, et comme pour les protéger, les forêts natales, ces forteresses de la Pologne insurgée, étendaient les grands bras décharnés de leurs arbres sans feuilles. Le soleil de janvier jetait son pâle sourire sur cette scène austère.

« Ce qui vous attend, dit le chef, le voici : vous

aurez faim tous les jours, vous coucherez sur la neige, vous marcherez plus souvent pieds nus que chaussés. Si vous êtes blessés vous tomberez aux mains des Moscovites; si vous lâchez pied, je vous ferai fusiller.

— Nous sommes prêts à tout, dirent-ils.

— Avez-vous une famille? qu'elle vous pleure d'avance. On n'a de congé dans nos rangs que pour aller au tombeau. Vous êtes-vous réconciliés avec Dieu? Je vous mène à la mort. Êtes-vous prêts à mourir pour la patrie? Il est encore temps de reculer; je vous faciliterai le retour.

— Non, non, combattre aujourd'hui, demain, à toute heure!

— Nous sommes perdus si nous nous imaginons qu'on peut vaincre Moscou en quelques mois. Malheur à nous, si nous oublions que c'est une lutte de géants dans laquelle il faut que toute une génération périsse pour racheter les fautes de nos pères. C'est pourquoi je vous demande encore une fois : êtes-vous prêts à marcher au combat, sachant qu'il faut que vous périssiez, que vous n'avez pas plus à espérer dans la victoire que dans la défaite, rien pas même la gloire qui dépose des couronnes sur le tombeau des braves! »

Les yeux levés au ciel, les mains étendues vers la croix, il continua avec une sublime exaltation :

« O mon Dieu! donnez-leur mon courage et ma

foi! Faites que la belle Varsovie s'efface de leur souvenir et ne leur apparaisse même plus en rêve! Arrachez de leurs cœurs les chères images de leurs mères, de leurs femmes et de leurs fiancées! Qu'ils ne voient plus que les lumineuses figures de nos martyrs et la Pologne déchirée et sanglante! Qu'ils n'entendent plus que les plaintes des veuves et des orphelins, les gémissements sortant du fond des cachots, et les cris que le vent d'Est apporte, à travers la Moscovie, du fond des mines sibériennes! Qu'ils n'aient plus qu'une pensée, qu'une volonté, qu'une passion et qu'un bonheur! Poursuivre, anéantir le vampire russe attaché au sein de la Vierge polonaise et qui depuis un siècle boit ses larmes et son sang!

— Dieu t'exauce! lui répondit-on d'une voix unanime. Ce que tu veux, nous le voulons! Ce que tu nous ordonneras de faire, nous le ferons! conduis-nous à la mort! »

Un éclair de joie illumina le visage du Prêtre.

Il bénit l'étendard et les armes, et entonna le cantique :

Kiedy ranne vostajo zorze....

. . . .

Que répétèrent en chœur les insurgés à genoux.

Quinze jours après que la Pologne eut répondu par un cri de liberté et de vengeance au dernier soufflet de la Russie, on se battait dans tout le royaume. Quelques bandes commençaient à se former aussi dans les anciennes provinces polonaises, en Lithuanie, Volhynie et Podolie, malgré les récompenses promises à ceux qui livreraient les rebelles morts ou vifs : trente roubles pour un chef, dix pour un officier, cinq pour un noble, trois pour un rebelle armé, deux pour un suspect, un pour un juif ou un paysan.

VI

Dès la fin de janvier, l'état de siége fut proclamé en Pologne. Pour inspirer l'amour du tzar à la population de Varsovie, M. le préfet de police faisait promener par les rues des bandes de prisonniers, les mains liées derrière le dos. Il promulguait cet édit mémorable par lequel étaient défendus non-seulement les attroupements de plus de trois personnes, mais aussi les rassemblements en cas d'incendie ; en sorte que le propriétaire dont la maison brûlait était mis dans l'alternative ou de la laisser brûler ou d'éteindre le feu à lui seul. Toutes les portes devaient être closes à neuf heures du soir, celles des cafés, cabarets, restaurants à six. Après neuf heures, on ne pouvait sortir sans lanterne. Enfin, depuis une heure du matin jusqu'au jour, il n'était permis à personne de se montrer dans la rue.

Et cependant, M. Casimir était toujours conseiller d'État. Le plus grand nombre des fonctionnaires polonais avaient donné leur démission, et il n'avait pas songé à suivre ce patriotique exemple. Sa fille, sa Lilla s'était enfuie de la maison, ne voulant pas habiter plus longtemps sous le toit d'un traître, ce traître fût-il son père. Et malgré la douleur qu'il en avait ressentie, M. Casimir conservait, en public du moins, la même tranquillité d'âme, la même sérénité de visage. Il suivait avec un zèle qui ne se ralentissait pas, les séances du conseil d'État. Pour expliquer la disparition subite de Lilla, il avait répandu le bruit parmi les Russes qu'elle était allée achever la saison d'hiver chez une sœur de sa défunte mère qui habitait une petite ville d'Allemagne.

Mais si quelqu'un eût pu lire dans l'âme de M. Casimir, si indifférente en apparence, il eût découvert que l'exil volontaire de sa fille et les mortels dangers qui la menaçaient étaient la plaie vive de ce père misérable. Peu lui importait vraiment le mépris de ses concitoyens, l'abandon de ses meilleurs amis, les railleries et jusqu'au dédain des Russes. Il supportait toutes ces douleurs et toutes ces hontes avec le flegme d'un homme qui ne les sent pas ou qu'elles ne peuvent atteindre. Mais sa Lilla! sa chère Lilla! Oh! que de larmes amères il répandait pendant ses longues veilles, quand occupé de la chose publique, il laissait malgré lui sa plume inactive, ou que, ployant sous le poids de son chagrin, il parcourait sa maison déserte, comme pour y chercher l'enfant qui n'y était plus.

Le 14 février au soir, M. le conseiller d'État sortit sans lanterne. M. le préfet de police voulait bien tolérer cette infraction en faveur de MM. les fonctionnaires publics. Il se dirigea vers le pont de la Vistule qui sépare Varsovie du faubourg de Praga. Il était environ neuf heures du soir et les rues étaient désertes.

Et voici qui prouvera jusqu'à l'évidence qu'une ordonnance de police, si vexatoire qu'elle soit, peut avoir son bon côté selon le lieu et l'occasion, et que M. le conseiller d'État avait tort de ne pas allumer sa lanterne comme un simple patriote. A peine eut-il mis le pied dans le faubourg de Praga, que plusieurs de ses concitoyens qui prenaient l'air à leur fenêtre, ne pouvant honnêtement respirer dans la rue, le remarquèrent parce qu'il n'était pas muni de la chandelle civique.

« Traître! lui cria l'un.

— Infâme! exclama un autre.

— Valet du bourreau! fit un troisième.

— Holà! voisine, poursuivit une femme, si tu veux voir un renégat, regarde! Voici M. le conseiller d'État Bradniki qui passe! »

M. Casimir suivait son chemin d'un pas tranquille, le visage calme et souriant. Cette sérénité dans son attitude et dans sa démarche redoubla la colère publique. Ce fut alors une grande rumeur dans tout le quartier. Pour le coup, M. Casimir parut assez vivement contrarié, car il hésita : irait-il plus avant, ou reviendrait-il sur ses pas? Il se décida pour le premier de ces deux partis. Bientôt, de toutes les fenêtres, de toutes les portes, sortit un concert d'imprécations et de malédictions. Personne ne se montrait dans la rue, avec ou sans lanterne; mais la vindicte publique souffletait le traître sur l'une et l'autre joue; M. le conseiller d'État passait véritablement par ses verges. Et l'on ne se contentait pas de l'injurier e. de le maudire ; on lui jetait de la boue et des ordures, on crachait sur lui. Insensible à toutes ces avanies, il continuait d'avancer du même pas tranquille. Il n'y avait sur son visage ni crainte, ni colère, mais je ne sais quelle douce mélancolie qui ressemblait à de la pitié. Il lui eût été aisé d'échapper à cet ignoble traitement, en se détournant un peu de sa route pour réclamer l'assistance d'un corps de garde ou d'un bureau de police.

Mais choisissant de préférence les rues où il ne s'en trouvait pas, entrant dans les ruelles les plus obscures, il semblait, au contraire, vouloir éviter toute intervention de la force publique. Craignait-il de provoquer une émeute, ou avait-il quelque autre raison pour en agir de la sorte ?

« Il nous brave après qu'il nous a trahis !

— Il n'a plus même la pudeur de la honte !

— Ah ! c'est un vrai Moskal que M. Casimir : le cœur d'une coquette, l'âme d'un tigre et la tête d'un paon. »

En entendant cette définition de son caractère, M. le conseiller d'État ne put s'empêcher de sourire. Cependant le tumulte allait grandissant ; à la boue qu'on lançait sur le traître se mêlaient des pierres. Il crut devoir hâter le pas, non qu'il eût peur, car ses traits conservaient leur parfaite sérénité. Une pierre plus grosse que les autres l'atteignit à la tête, et son visage fut inondé de sang. Il marcha plus vite encore, et tout à coup, au détour d'une ruelle, disparut. Il était temps, et pour les gens de Praga, et pour M. Casimir, en supposant qu'il voulût éviter l'œil de la police ; car en ce moment une patrouille paraissait au loin. Aussitôt, portes et fenêtres se fermèrent, et le silence se fit comme par enchantement. Le chef de la police n'aurait pu, sur son rapport, mentionner la moindre émotion populaire.

Quant à M. le conseiller d'État, il avait frappé au volet d'une maison de modeste apparence, où demeurait un vieux garçon, petit rentier des plus inoffensifs, qui avait coutume de dire à qui voulait l'entendre :

« La paix avant tout : voilà ma politique. Si nous nous étions arrangés avec l'empereur Alexandre au lieu de nous soulever et de nous battre contre lui, nous eussions fait très-sagement ; et non-seulement nous aurions la paix, mais encore la liberté en Pologne. »

Les jeunes gens se moquaient de lui :

« Cette vieille ganache radotte ! »

Les plus fins limiers de police avaient inscrit sur leurs tablettes à son sujet :

« Homme nullement dangereux, imbécile sans conséquence. »

Le petit rentier ouvrit précipitamment sa porte devant M. Casimir et la referma de même. Les deux hommes suivirent un long corridor aboutissant à une cour intérieure. Là, « l'imbécile sans conséquence » toucha la muraille à un certain endroit, et fit jouer un ressort. M. le conseiller d'État et le vieux garçon « nullement dangereux » descendirent les marches d'un escalier de pierre après que le ressort, en jouant de nouveau, les eût complétement séparés du monde des vivants.

Au bout d'un instant, ils se trouvèrent à l'entrée

d'un vaste caveau, éclairé seulement par une lampe qui brûlait suspendue à la voûte. Le mobilier se composait d'une grande table recouverte d'un tapis noir, d'un vieux fauteuil en cuir placé devant la table, et de quelques escabeaux rangés autour. Au fond, contre le mur, était suspendu un crucifix, et en face, au-dessus de la porte d'entrée, il y avait une image de Notre-Dame de Czenstoschowa. Plusieurs hommes se tenaient là, immobiles et silencieux : les uns vêtus comme des gens du monde, d'autres portant l'habit du bourgeois ou de l'artisan, et de ce nombre le Polonais qui ce soir-là n'avait pas sa livrée. Il y avait aussi deux ou trois prêtres et une femme en deuil, la belle Wénéda.

Lorsque M. Casimir parut, tous s'inclinèrent avec respect devant lui; mais dès qu'il se fut avancé sous la lumière de la lampe, et qu'on vit ses vêtements souillés et son visage ensanglanté, on s'élança vers lui, on lui prit les mains avec effusion en l'interrogeant anxieusement du regard. Wénéda lui dit d'une voix altérée :

« Vous êtes blessé, citoyen président ?...

— Ce sont, répondit-il, avec un sourire qui émut tous les cœurs, ce sont nos pauvres enfants de Praga qui ont jeté de la boue et des pierres à M. le conseiller d'Etat Bradniki, le traître. »

On lui demanda des détails; mais allant vers le fauteuil :

« Ne perdons pas, dit-il, un temps précieux en paroles inutiles. » Il étancha son sang avec un linge mouillé que lui apporta le petit rentier « nullement dangereux ; » puis il agita une sonnette. Wénéda et plusieurs hommes prirent place sur des escabeaux; les autres restèrent debout.

« Quelles sont les nouvelles? demanda M. Casimir.

— Les Russes, dit « l'imbécile sans conséquence », les yeux attachés sur des dépêches chiffrées, les Russes établissent partout des conseils de guerre qui fonctionnent déjà à Radom et à Lublin. Des colonnes mobiles formées de troupes de diverses armes sont lancées avec du canon dans toutes les directions; chaque jour aussi, chaque heure voit grossir les *phalanges du désespoir*. Le 27 janvier, les Russes ont essayé d'opérer le recrutement dans les autres villes du royaume; mais cela ne leur a guère réussi. Les jeunes gens ne se sont pas laissé prendre comme des oiseaux au nid; les moins vaillants ont préféré se joindre aux nôtres que d'aller au Caucase sous la capote du soldat. Les ouvriers des fabriques et les petits propriétaires se soulèvent. On s'est battu le 28 janvier à Plock; à Polkow, pendant toute la nuit suivante. A Suraz, nous avons été maîtres un moment de la ville. Il y a eu des combats à Radzin, à Siedlce, à Lomza. Passant en Lithuanie, une bande de patriotes y a commencé la guerre nationale. Nos deux principaux corps opèrent, l'un, celui de Langiewicz, entre Kielce et Radom; l'autre, celui du Prêtre, entre le Bug et Wengrow. Ces corps reçoivent une organisation militaire. Les volontaires s'exercent au maniement des armes, ils ont des sergents et des officiers. Langiewicz a tué deux cent cinquante hommes aux Russes, et s'est retiré ensuite dans les montagnes de Swienty-Krgyz (Sainte-Croix).

— Et le Prêtre ? demanda M. Casimir d'une voix qui tremblait, quelque effort qu'il fît pour la rendre ferme.

— Sa bande compte environ mille hommes; mais un grand nombre sont encore sans armes. Il a attaqué un bataillon russe appuyé par deux sotnias de cosaques ; il leur a pris une centaine de fusils et des cartouches.

— Nos pertes sont-elles sensibles? demanda le citoyen président, dont le visage s'altéra.

— Dix morts et une trentaine de blessés. La citoyenne Lilla.... »

M. le conseiller d'État se leva brusquement ; ses traits se couvrirent d'une pâleur mortelle. Le secrétaire rapporteur lui fit de la main un signe rassurant, et il s'empressa d'ajouter :

« La citoyenne Lilla a été mise à l'ordre du jour, ainsi que le comte Maryan, pour leur belle conduite. »

M. Casimir ne put réprimer un mouvement de joie et d'orgueil.

« La jeune patriote se trouvait engagée au plus fort de la mêlée, quand le comte Maryan la dégagea et lui sauva la vie. »

Des exclamations approbatives se faisant entendre, le citoyen président agita sa sonnette, et le silence se rétablit.

« Je demande, dit Wénéda, à faire une communication importante.

— Parlez, madame.

— Hier soir, chez le gouverneur général, j'ai appris qu'un convoi d'armes et de munitions doit après-demain traverser le Bug, du côté de Wengrow.

— Ce renseignement est exact, dit M. Casimir, et j'allais moi-même le communiquer au conseil. Mon avis est qu'il faut s'emparer de ce convoi, et que des ordres en conséquence soient envoyés au Prêtre.

— Je m'offre, dit Wénéda, à les lui porter moi-même. Je le puis d'autant mieux qu'hier soir j'ai annoncé que je retournais à Zymiercz, mon château des bords du Bug. Le colonel Ticheff, qui se trouve à Wengrow avec son régiment, est un de mes amis intimes; il me fait même la cour, à ses moments perdus. Ma présence là-bas peut servir notre projet. »

Toutes les têtes s'inclinèrent en signe d'assentiment.

« C'est bien, madame, dit le citoyen président, vous porterez les ordres. »

Le Polonais sortit de l'ombre et s'approcha de la table :

« Un mot seulement, dit-il. Je réclame la faveur d'aller aider à la prise du convoi. Voilà trente-deux ans que j'attends l'occasion de me battre contre les Russes.

— Nous avons besoin de tes services ici, objecta M. Casimir ; il n'y a qu'un homme aussi hardi et aussi prudent que toi qui puisse exécuter les sentences de notre tribunal.

— Quarante-huit heures après l'affaire, j'aurai repris mes fonctions à Varsovie. Ne me refusez pas.

— Soit ! » dit le citoyen président, après avoir interrogé du regard le conseil.

Le Polonais parut au comble du bonheur.

Alors, M. Casimir parla ainsi :

« Frères ! le moment est venu de nous affirmer par des actes vis-à-vis de la Russie, vis-à-vis de l'Europe, et vis-à-vis surtout de nos propres nationaux. Maintenant que l'épée est tirée, il faut plus que jamais l'unité dans la direction comme dans l'action. Il importe au salut public que les dissensions funestes qui ont livré la Pologne à l'oppresseur étranger demeurent à jamais proscrites par le saint amour de la patrie. N'ayons qu'une pensée, qu'un cœur et qu'un bras, ne comptons que sur nous-mêmes : notre victoire est là. Confondons ceux qui nient que nous sommes une nation. Combattre aujourd'hui, demain, pendant un an, dix ans, combattre, combattre toujours tant qu'il restera une goutte de sang dans nos veines : voilà ma politique. Quelqu'un de vous en sait-il une meilleure ? Qu'il la fasse connaître. »

Tous se turent. Le citoyen président continua :

« Depuis un siècle nous expions le crime de nos ancêtres. Si les seigneurs n'avaient pas opprimé leurs paysans ; s'ils en avaient fait des citoyens et des soldats, au lieu de diviser et d'user la force nationale en de misérables rivalités, en de funestes et coupables querelles, jamais le Tartare ni l'Allemand n'eussent foulé le sol polonais ! Et nous ne serions pas aujourd'hui un peuple d'esclaves, mais le peuple le plus libre et le plus glorieux de l'Europe orientale ! »

Wénéda et les autres baissaient la tête.

« Mais ce que nous ne sommes pas, nous le serons si nous voulons l'être.

— Oui ! oui ! »

Et tous les fronts se relevèrent.

« La première chose à faire, c'est un pacte d'alliance avec les paysans. Entraînons-les et notre cause est gagnée ! Traitons-les, non-seulement en paroles, mais par nos actes, comme nos frères et nos égaux ; ils le sont ! Les armées et les canons du tzar ne pourront rien contre nous. »

Le noble vieillard du cimetière Powonski rayonnait de foi et d'enthousiasme. Il reprit :

« Je propose que par un manifeste, le comité national promette aux paysans la possession des terres qu'ils cultivent pour l'entretien de leurs familles, aux propriétaires une indemnité sur le trésor de l'État, enfin des biens fonciers aux veuves et aux orphelins des patriotes morts pour la patrie. Et comme il convient que celui qui conseille la justice et le patriotisme en donne aussi l'exemple, je déclare consacrer à ce triple but toute ma fortune territoriale ou autre, n'en réservant, pour ma fille et pour moi, que le pain de chaque jour.

— Je prends le même engagement, dit Wénéda ; et je ferai remplacer par du verre mes diamants de famille avec lesquels je brille chez M. le gouverneur général.

— Et nous aussi, s'écrièrent plusieurs gentilshommes, nous nous dépouillons, nous, nos femmes et nos enfants, pour notre mère, la Pologne.

— Nous, dit un ouvrier, qui n'avons ni terres ni argent, nous donnerons pour elle tout le sang de nos veines.

— Et nous, dit un prêtre, nous quêterons dans les villes, nous prêcherons la nouvelle croisade dans les campagnes ; apôtres et martyrs de la foi patriotique, notre sang répandu dans les supplices, nourrira le courage des faibles et l'héroïsme des forts. »

Alors ouvriers, prêtres, bourgeois et gentilshommes s'embrassèrent, et jurèrent sur le crucifix l'indissoluble union.

Le comité national se sépara après avoir rédigé et voté un manifeste à la nation dans les termes mêmes proposés par M. le conseiller d'État.

VII

Le lendemain, Wénéda montait de grand matin en calèche et partait au galop de trois vigoureux chevaux pour son château des bords du Bug. Le Polonais prit place sur le siége à côté du cocher; M. le conseiller d'État avait bien voulu le donner à la belle veuve en guise de gendarme, les routes n'étant pas sûres pour une amie des Russes. Le voyage se fit sans le moindre accident, et le soir même, grâce à plusieurs relais préparés d'avance, la jeune femme et son défenseur mettaient pied à terre à Zymiercz.

Ici comme chez M. Casimir, tous les serviteurs étaient Russes.

« Es-tu des nôtres, toi ? » demandèrent-ils au Polonais, tandis qu'il soupait avec eux à l'office, mangeant et buvant comme un moine quêteur. Depuis qu'on lui avait permis d'aller combattre les Russes, il était rajeuni de vingt ans, et il voulait se donner des forces.

« Par Michel, patron de la sainte Russie, répondit-il aux gens de Mme Wénéda, j'ai l'honneur d'être le valet de chambre de Son Excellence M. le conseiller d'État Casimir Bradniki, qui est, comme vous le savez bien, le plus fidèle serviteur de Sa Majesté le tzar notre père. J'ai accompagné votre maîtresse, pour la défendre le long de la route. Et ma foi ! si quelqu'un de ces brigands s'était avisé de me montrer le bout de son nez, je lui cassais la tête, aussi vrai que vous êtes de bons compagnons que j'aime. »

Comme il parlait ainsi, un singulier sourire errait sur ses lèvres, et ses yeux clairs brillaient comme des escarboucles. Il déboutonna sa longue redingote de livrée et montra tout un arsenal à la valetaille émerveillée.

« Voilà, reprit-il, ce que je destine aux brigands qui infestent le pays. »

Le Polonais n'était ni si fanfaron, ni surtout si communicatif d'ordinaire, mais il s'était laissé aller à boire un coup d'eau-de-vie; et, n'en ayant pas l'habitude, la liqueur lui montait quelque peu à la tête.

« Ce n'est pas tout, ajouta-t-il, en faisant jouer la batterie d'un vieux fusil de munition, j'ai aussi ce camarade qui, en d'autres temps, a couché sur le flanc plusieurs de ces misérables. J'espère bien qu'il en enverra encore plus d'un au diable. »

Le Polonais s'était battu avec le même fusil en 1830. Par quel miracle avait-il pu l'emporter en Sibérie, et surtout l'en rapporter?

L'ayant démonté, il en avait caché la crosse et la batterie dans ses hardes; autour du canon, il avait euroulé une lanière de cuir, et s'en était servi comme d'un bâton de voyage. Le Polonais aimait et traitait son vieux fusil en véritable ami. Il lui parlait souvent, parfois même il l'embrassait en cachette. Lui qui n'avait ni mère, ni femme ni enfant, il fallait bien pourtant qu'à certains moments son cœur s'épanchât sur quelque chose. Eh bien, c'était sur son vieux fusil, le compagnon fidèle de toutes ses misères, le confident discret de toutes ses espérances. Cette arme symbolisait pour lui la délivrance de la Pologne, son amante idéale, la seule qu'il eût aimée!

Wénéda fit, ce soir-là, à son intendant russe, l'honneur de l'inviter à sa table.

« Quoi de nouveau? lui demanda-t-elle avec nonchalance.

— Je crains, madame, que vous n'ayez été imprudente en revenant ici. La bande du Prêtre court la forêt, entre Wengrow et le Bug, et nous sommes à mi-chemin de la ville et de la rivière. Vous ne feriez pas mille pas sous bois sans être arrêtée par le *qui vive !* des vedettes.

— Qu'est-ce que le Prêtre? fit Wénéda d'un air effrayé.

— Un renégat et un bandit ! Un fanatique qui s'imagine servir Dieu en égorgeant les braves soldats de notre auguste maître, le tzar ! On raconte de lui des choses effroyables. Il ne fait pas de quartier aux blessés, et il paraîtrait même qu'il les rôtit à petit feu après la bataille.

— En vérité, vous me donnez la peau de poule. Ne dit-on pas aussi qu'il les mange ? »

L'intendant russe ne sut que répondre à cette singulière apostrophe. Et ne trouvant d'autre issue à son embarras que la porte, il en prit le chemin, après s'être profondément incliné devant sa maîtresse.

Une heure après, tout le monde dormait au château quand Wénéda et le Polonais en sortirent par une petite poterne. Ils s'engagèrent dans la forêt et marchèrent longtemps sans découvrir nulle trace des amis qu'ils cherchaient. De temps à autre, le Polonais poussait un cri imitant celui du milan. Au bout d'une heure, un cri semblable répondit, mais de très-loin, à cet appel. On le renouvela à divers intervalles, et, chaque fois, il y fut répondu. Enfin,

Wénéda et le Polonais virent se dresser au bord du chemin, à cent pas devant eux, une ombre noire qui, immobile et silencieuse, les laissa avancer jusqu'à portée de la voix. Alors, tandis qu'elle braquait une carabine sur eux :

« Qui vive? cria-t-elle.

— Jésus-Christ soit loué, » répondit le Polonais.

L'arme se releva, et un homme accourut : c'était le comte Maryan. En voyant une femme, il la salua avec la grâce particulière dont l'avait doué la nature.

« N'êtes-vous pas, dit-il en s'adressant au compagnon de Wénéda, celui qui est revenu à pied des mines d'Irkoutsk et que les patriotes nomment le Polonais.

— Oui, dit celui-ci étonné, mais d'où me connaissez-vous ?

— J'ai entendu parler de ce que vous avez fait et souffert pour la patrie, et je tiendrais à grand honneur de vous serrer la main.

— La voici, dit le Polonais, vous êtes un brave garçon et pas fier, malgré votre mine de noble homme. »

Il prit la main du comte Maryan et la pressa chaleureusement dans la sienne.

« Où est le Prêtre? demanda Wénéda, il faut que je lui parle à l'instant.

— Notre chef est mourant, madame. La rude vie

qu'il mène par cette saison rigoureuse a épuisé ses forces. Une toux opiniâtre lui déchire la poitrine, et il ne se passe guère de jour qu'il ne crache le sang. Nous l'avons couché ce soir près d'un bon feu, à un quart de lieue d'ici, sur ma droite.»

Wénéda s'inclina et marcha dans la direction indiquée. Elle s'éloignait d'un pas rapide, suivie du Polonais, quand tout à coup elle revint vers le comte :

« Pourriez-vous, lui dit-elle, me donner des nouvelles de Lilla ?

— Lilla ! fit-il avec une vive émotion, Lilla ! Je ne connais qu'une femme parmi nous, une jeune juive, et c'est Judyta qu'elle se nomme.

— O mon Dieu ! exclama Wénéda, serait-elle morte, la pauvre enfant ?

— Non, non, je sais ceux qui sont morts, car je suis des premiers de la bande. Aucune femme n'est morte parmi nous.

— Le ciel en soit loué ! Mais alors j'ai trahi le secret de cette jeune fille....

— Oh ! non madame, mon cœur l'avait deviné ! Le soir même de notre premier combat qui fut aussi notre première rencontre, quand je remerciai mon sauveur, je me sentis pénétré d'un sentiment nouveau, enivrant, qui ne pouvait être celui de la reconnaissance. Certes, je lui devais beaucoup à lui qui avait reçu pour moi une blessure volontaire;

mais il me devint aussitôt plus cher et plus précieux que tout au monde! Je l'ai aimé autant que ma patrie pour laquelle je veux verser tout mon sang, autant et plus peut-être, » ajouta-t-il en baissant la tête sous le regard sévère du Polonais.

Amour ! amour ! quand l'hiver glacé durcissait la terre et figeait la séve des arbres, quand la nature ensevelie sous la neige ressemblait à une morte dans son linceul, quand la Parque, avec la pointe de ses ciseaux, excitait le bourreau moscovite à lui offrir chaque jour une nouvelle et plus nombreuse hécatombe de victimes, amour! amour! ce jeune homme, sentinelle perdue devant une tombe ouverte, te vouait son âme virginale et s'enivrait de toi.

« Lilla ! Lilla ! poursuivit le comte Maryan en répétant ce nom avec une joie ineffable, au camp on l'appelle le patriote Casimir.

— Elle a pris le nom de son père, dit le Polonais.

— Son père ? Qui donc est-il ? »

Wénéda mit un doigt sur ses lèvres, et ils s'éloignèrent laissant le comte Maryan en proie à une émotion extraordinaire. Ceux qui vinrent le relever durent lui secouer le bras comme à un homme endormi.

« Morbleu ! est-ce ainsi qu'on veille? » lui dit sévèrement le sergent.

La sentinelle se sentant coupable n'essaya pas de se justifier.

« Tu mérites d'être privé de tes armes pendant quinze jours ; au reste, c'est le chef qui en décidera. »

Le comte Maryan n'objecta rien.

VIII

Wénéda et son compagnon atteignirent le camp après un quart d'heure de marche. Le camp ! à proprement parler, il n'en existait pas, on n'avait ni tentes ni bagages. Les hommes, divisés par groupes de dix ou par dizaines comme on disait, dormaient sous bois, sur la dure, enveloppés dans des couvertures ou des peaux de mouton. Beaucoup n'avaient que des manteaux de drap ; quelques-uns, rien qu'un amas de feuilles sèches. Mais ils se réchauffaient en se serrant les uns contre les autres ; durant ces nuits glacées, l'ardent amour patriotique leur tenait lieu d'édredon et de feu. A la pointe du jour, on sonnait le réveil avec un cornet. C'était ordinairement à l'entrée de quelque grande clairière, où la vue des vedettes embrassait un large espace découvert. Ainsi, on n'avait pas à craindre d'être surpris et enveloppé par l'ennemi.

Au premier signal, on voyait sortir de la forêt les hommes formant l'avant-garde. La plupart étaient vêtus de houppelandes grises ne descendant qu'aux genoux, avec une ceinture de cuir et un bonnet carré. Ils avaient un fusil de chasse à deux coups ou un fusil de munition pris aux Russes, une petite hache à la ceinture. Chacun d'eux était muni d'un sac de grosse toile et d'un cornet de chasseur. Ceux-là, on les pouvait considérer comme les réguliers de la bande. D'autres venaient ensuite, couverts de la tunique du campagnard et armés de la faux polonaise ; c'étaient des faucheurs ou kossyniers, moitié soldats, moitié paysans, et fameux dans toutes les guerres de l'indépendance. On voyait enfin une multitude de patriotes de toute condition et de tout âge, citadins, villageois, protestants, catholiques et juifs, les uns portant l'habit noir, les autres la blouse de l'ouvrier. Les armes n'étaient pas moins variées que les costumes : des épées de parade, des sabres datant des grandes guerres napoléoniennes, de vieux mousquets du temps de Sobieski, et même des hallebardes. Plusieurs n'avaient que des couteaux, quelques-uns des bâtons. Cet assemblage discordant d'éléments disparates, et qui réunis partout ailleurs eussent formé le grotesque, empruntait aux circonstances et aux lieux un caractère imposant, grandiose même, et profondément émouvant.

Tous ces hommes étaient graves et doux ; ils ne poussaient ni imprécations ni plaintes. L'indomptable et calme énergie de leurs âmes se reflétait sur leurs visages bleuis par le froid, amaigris par la souffrance. Ils avaient dans le regard une flamme intérieure, qui répandait sur toute leur personne je ne sais quoi d'auguste et de lumineux. Devant cette grandeur et cette misère, le plus sceptique et le plus gai des Parisiens aurait eu moins envie de rire que de pleurer.

Après la prière, on allumait le feu pour le repas du matin. Quel repas ! L'intendance des vivres manquait et l'on n'avait aucunes provisions de bouche hors celles que chacun portait dans son sac. On se partageait en frères la nourriture comme le péril. Les premiers jours de cette vie guerrière avaient été durs pour une jeune fille comme Lilla, élevée dans la plume, nourrie de mets délicats, entourée depuis le berceau de toutes les jouissances du luxe ; mais elle n'en laissa rien voir. Elle supportait, comme les autres, avec une fierté calme le froid et la faim ; elle pâlit et maigrit, mais son tempérament vigoureux, soutenu par une âme virile, par la fièvre de l'héroïsme, reprit bientôt le dessus ; elle puisait même une force nouvelle dans la marche et dans le maniement des armes. Les jours de combat étaient ses jours de fête. Alors ses beaux yeux bruns brillaient, ses lèvres frémissaient et ses narines se dilataient. Elle rayonnait d'enthousiasme, elle goûtait et épuisait toutes les ivresses de la lutte et de la victoire. On la voyait se précipiter au plus fort de la mêlée, bravant balles et baïonnettes, affrontant la mort en face. On eût dit que la grande faucheuse avait peur de la jeune fille, une si belle proie pourtant ! Depuis le coup de lance qui l'avait légèrement atteinte au bras, Lilla n'avait pas reçu la moindre blessure. A vrai dire, le comte Maryan s'était amplement acquitté envers elle. Toujours à ses côtés, se jetant au-devant de l'arme qui la menaçait, lui faisant un bouclier de son corps, il ne combattait plus pour le pays, mais pour Lilla ! C'est ainsi que non pas une fois, mais dix fois, il lui avait sauvé la vie. La jeune héroïne reprochait souvent à son ami d'oublier sa propre défense pour ne songer qu'à la sienne. Elle lui promettait aussi d'être plus prudente à l'avenir, de ménager davantage ses jours.

« Frère ! lui disait-elle, tu t'exposes trop pour moi.

— Je paye ma dette, lui répondait le jeune homme.

— Voilà bien longtemps que tu es quitte envers moi, tandis que maintenant je te dois dix fois la vie.

— A qui la faute ? Tu te bats en désespéré ; on dirait vraiment que tu cherches la mort.

— Il n'en est rien pourtant. Je suis heureux de vivre, heureux surtout de combattre pour le pays !

mais, l'odeur de la poudre m'enivre, le sifflement des balles me fouette le sang, la vue des Moscovites me transporte d'une fureur aveugle. Alors je n'entends et ne sens plus rien; je ne vois plus que nos oppresseurs et nos bourreaux; je leur cours sus comme à des bêtes fauves, je voudrais les atteindre et les détruire jusqu'au dernier. »

Maryan contemplait son compagnon avec des yeux brillants d'enthousiasme et d'amour. Lilla, forte et terrible comme un homme dans le combat, se sentait sous ce regard timide et faible comme une enfant; en rougissant, elle baissait la tête. Ils demeuraient longtemps muets tous les deux, l'un à côté de l'autre, la main dans la main. Il leur semblait que ces arbres, dépouillés par l'hiver, se couvraient d'un luxuriant feuillage. L'herbe desséchée s'émaillait de mille fleurs éblouissantes; le vent du nord, qui faisait gémir la forêt, leur apportait une mélodie céleste; l'âpre parfum des feuilles sèches leur était plus suave que celui des roses; le froid soleil de février les pénétrait d'une douce chaleur; ils ne sentaient ni la fatigue ni la faim; ils oubliaient, et les périls de l'heure présente, et la patrie en larmes, et le vautour moscovite s'acharnant sur la Pologne comme sur un cadavre. Autour d'eux, comme en eux, ce n'était que joie et bonheur!

Amour! amour! ceux dont tu te détournes, voilà les vrais malheureux!

Au camp, on les comparait à Oreste et Pylade. Quelques-uns avaient deviné leur secret. Ceux-là, par un sourire attendri ou par une larme, avaient célébré ces fiançailles devant la mort..

Judyta et David aussi étaient heureux. Au milieu de ces forêts leur amour rayonnait comme le soleil; ils échappaient aux périls et aux souffrances de chaque heure dans un baiser. La petite juive était la providence des blessés et des malades; on ne la nommait que la sœur infirmière. Et ces zélés catholiques que le fer moscovite avait atteints ou qui grelottaient de fièvre, appelaient dans leurs prières, sur la fille d'Israël, toutes les bénédictions de la Vierge Marie. Envers le chef, sa charité filiale se multipliait comme s'il eût été son père, et le front sévère du prêtre catholique s'attendrissait devant cette juive qu'il n'essayait pas de convertir.

Wénéda et le Polonais le trouvèrent couché devant un feu de sarment. Ses yeux brillaient comme deux charbons enflammés au fond de leurs orbites noires, ses lèvres étaient livides, les pommettes de ses joues d'un rouge ardent. Lilla, agenouillée près de lui, soutenait sa tête, pendant que Judyta lui faisait prendre un cordial. La mort se tenait près de là.

Les émissaires du comité national contemplèrent un moment cet émouvant tableau. Wénéda sentit ses yeux se remplir de larmes, et le Polonais étouffa un soupir. L'amie de Mgr le gouverneur général et du colonel Ticheff, s'approcha du patriote mourant :

« Frère, dit-elle, le comité national me charge de vous avertir que, cette nuit, ou demain aux premières heures du jour, un convoi d'armes et de munitions doit traverser le Bug.

— Des armes ! des munitions ! dit le Prêtre d'une voix entrecoupée, en se redressant sur le coude. Ah ! Dieu soit loué. »

Puis, faisant un effort pour se mettre debout :

« Alerte ! alerte ! cria-t-il. Qu'on sonne le réveil. »

Mais il retomba épuisé. Deux larmes, deux purs diamants, brillèrent au bord de ses paupières closes. Le silence régna quelques instants.

Le chef rouvrit les yeux.

« C'est fini de moi, dit-il. O mon Dieu, sois béni ! Mais combien ta dernière épreuve est cruelle ! Mourir, quand nous allons avoir des munitions et des armes, mourir à l'heure du combat et lorsqu'une mission périlleuse m'est confiée ! Misérable corps, ajouta-t-il en voulant se relever par un nouvel effort, ne peux-tu donc reprendre un peu de forces pour un jour seulement ! »

Il retomba comme la première fois.

« Non, dit-il, non, ma tâche est finie. Mais, qui commandera ?...

— Moi ! fit une voix, moi, si vous le voulez bien. »

Le Polonais sortit de l'ombre; le Prêtre tourna péniblement la tête de son côté : une ineffable joie illumina le visage du mourant.

« Oui, toi ! » s'écria-t-il avec force.

Et il étendit ses bras vers le Polonais comme pour l'attirer sur son cœur.

Les deux patriotes se tinrent longtemps embrassés. Wénéda et Judyta pleuraient ; mais Lilla, les yeux secs, le regard fixe, la pupille dilatée, assistait à une autre scène qui formait, avec celle-ci, le plus surprenant et le plus effrayant contraste. Elle voyait Wénéda couverte de diamants et de fleurs au milieu des Russes ; elle la voyait, rieuse et coquette, au bras du colonel Ticheff, qui lui faisait la cour. Puis, c'était le Polonais, sous son habit de livrée, parmi la valetaille moscovite.

Elle l'entendait dans l'antichambre annoncer, avec l'accent d'un valet, tous ces messieurs en *off* qui lui inspiraient une si insurmontable aversion. Et maintenant, le plus vaillant champion de la Pologne, le plus ardent et le plus pur des patriotes accueillait cette femme avec bonté, avec respect; il embrassait cet homme comme un ami, comme un frère. Une cruelle angoisse se peignit sur les traits de Lilla, tandis qu'un étrange et douloureux combat se livrait dans son âme : si Wénéda, si le Polonais n'étaient pas des traîtres, son père que tout Varsovie accablait de mépris et d'outrages, son pauvre vieux père, qu'était-il donc, lui?... L'aurait-elle pu à ce point méconnaître, elle, une fille pieuse, elle qu'il avait tant chérie et tant gâtée, elle, sa joie, son orgueil, la couronne de ses cheveux blancs? Non!... sa conscience se révoltait contre une pareille supposition. Son cœur ne lui eût-il pas crié : celui que tu crois un traître est un grand citoyen, celui que tout Varsovie maudit est un martyr, celui que tu fuis comme un réprouvé est un saint! »

Hors d'elle et à moitié folle :

« Trahison! cria-t-elle tout à coup, cette femme s'est vendue aux Russes, cet homme est le valet de mon père! »

Cette fois le mourant se redressa d'un bond :

« Cette femme que tu accuses, ma fille, a vu tomber son mari sous les balles russes, et jamais douleur de veuve ne fut plus grande que la sienne. Pour servir le pays, elle s'est parée de fleurs; la mort dans l'âme, elle sourit aux assassins de son mari! Cet homme que tu accuses, a lutté et souffert toute sa vie pour la sainte cause; en 1830, il a été blessé trois fois, il a mangé le pain de l'exil au fond des mines d'Irkoutsk; il a marché trois ans pour revoir la Pologne, son amante et son épouse à lui! »

Lilla à genoux, le front dans la poussière sanglotait.

« Pleure, pleure, ma fille, tu as méconnu ton père, celui que les Russes caressent et que Varsovie exècre, celui que ses compatriotes fuient comme un pestiféré, c'est notre chef à tous.

— Mon Dieu! mon Dieu! mon Dieu! » cria par trois fois la coupable, et elle s'évanouit.

Tandis que Wénéda s'efforçait de la ranimer, un insurgé accourut. Le Prêtre se tenait debout, appuyé sur le Polonais :

« Que veux-tu? » demanda-t-il sévèrement.

C'était une infraction aux lois de la discipline qui ne permettait pas qu'on approchât du chef autrement que pour affaire de service.

L'insurgé ne répondit rien; mais s'étant agenouillé près de Lilla, il lui prit les mains, comme si c'eût été là un remède qui dût la rappeler à la vie. Et, en effet, il sentit bientôt une légère pression répondre à la sienne, et la jeune fille rouvrit les yeux.

Ce médecin émérite, c'était le comte Maryan, ou plutôt c'était l'amour.

Un sergent s'approcha à son tour.

« Citoyen commandant, dit-il, une sentinelle a manqué à sa consigne. Elle n'a pas crié : *Qui vive!* à notre approche, et semblait dormir debout.

— Son nom?

— Le comte Maryan.

— Deux infractions en un jour, dit le Prêtre au jeune homme; je devrais vous renvoyer du corps. Ce n'est pas assez d'être brave, il faut savoir obéir.

Vous remettrez vos armes à un plus digne; je vous en prive pour quinze jours. »

Le condamné s'inclina en signe de soumission.

IX

Alors il se fit au loin un grand tumulte, et de plusieurs côtés on cria : « aux armes! » En même temps le chef fut averti que le colonel Ticheff était sorti de Wengrow, à la tête de trois bataillons d'infanterie, de trois escadrons de cavalerie et de plusieurs sotnias de cosaques. Ces troupes marchaient à travers la forêt dans la direction du Bug; et selon toute apparence, elles allaient à la rencontre du convoi d'armes et de munitions signalé par le comité national. Si les Russes le rejoignaient avant que les Polonais s'en fussent emparés, il était de toute évidence que cette proie tant convoitée leur échapperait; car si grande que fût leur bravoure, les Polonais n'étaient pas en nombre pour la disputer avec quelque chance de succès à des forces tellement supérieures. Pendant quelque temps le Prêtre parut réfléchir au meilleur parti à prendre. Si son corps était épuisé, son âme n'avait rien perdu de son énergie. Tout ce qui lui restait de vie se concentrait dans l'intelligence et la volonté.

« Frère! dit-il, au Polonais d'une voix entrecoupée, c'est Dieu qui t'a envoyé, et il exauce ma prière. Il permet que ma mort soit utile à la patrie; il fallait que nous fussions deux pour l'œuvre de cette nuit. Tu vas partir pour le Bug avec le gros de la bande. Tu enlèveras le convoi qui ne doit pas être fortement gardé, puisque les Russes marchent à sa rencontre. Tu donneras des armes et des cartouches à ceux des nôtres qui en manquent. Tu cacheras le reste dans les souterrains de Zymiercz où Wénéda vous ramènera, tes hommes et toi. Vous pourrez y arriver secrètement par des chemins qu'elle connaît et y pénétrer par une petite poterne....

— Oui, interrompit le Polonais, c'est par là que nous en sommes sortis cette nuit.

— Vous vous y tiendrez cachés un jour, plus s'il le faut, à l'insu des gens du château et des Russes lancés à votre poursuite. Au moment propice, et mes espions que j'ai parfaitement dressés te le feront connaître, tu tomberas sur nos ennemis et leur feras le plus de mal possible. C'est la tactique qu'il faut suivre lorsqu'ils agissent en masse. »

Le Prêtre fit signe de sonner le rappel.

« Mais toi, lui demanda le Polonais, que comptes-tu donc faire pendant ce temps-là?

— Moi! répondit le Prêtre avec un grand effort, car d'instant en instant sa respiration devenait plus haletante, sa parole plus saccadée, moi, je vais mourir ici avec deux cents de ces braves qui se dévoueront au salut des autres et au succès de notre entreprise. Tiens, ajouta-t-il, en désignant un grand arbre près de la route, voilà la place que je choisis pour leur montrer une dernière fois le bon exemple et rendre mon âme à Dieu. Conduis-moi jusque-là, frère, et disons-nous au revoir là-haut. »

Le Polonais fit ce qu'il demandait. Le Prêtre qu'on n'entendait plus qu'à peine, ordonna à ses hommes de se ranger autour de lui. Dès qu'on eut obéi :

» Frères, dit-il, mon heure est venue, et voici le chef qui me remplacera à votre tête. »

Il y eut des cris plaintifs, mêlés de quelques murmures.

« Vous lui obéirez comme à moi, c'est mon désir et ma volonté. Il est digne, d'ailleurs, de vous commander. Il porte sur son corps de glorieuses cicatrices; et avec cette arme, ajouta le Prêtre en désignant le vieux mousquet du Polonais, il a, en 1830, abattu plus de Russes que vous en 1863. Vous allez le suivre à l'instant. Je reste à cette place. En est-il deux cents parmi vous qui veuillent y mourir avec moi?

— Nous le voulons tous!

— Non, dit-il, non, que deux cents fassent le sacrifice de leur vie. Pendant une heure au moins, et tant qu'il en restera un debout, ils arrêteront les Russes qui s'avancent avec du canon, et quatre fois plus nombreux que nous. Ils donneront ainsi le temps aux autres d'exécuter les ordres du comité national. »

Mille hommes s'offrirent où il n'en fallait que deux cents; et, cependant, le Prêtre l'avait dit, ils devaient ceux-là périr jusqu'au dernier.

« Eh bien, reprit-il, nous sommes cent dizaines; qu'on en tire vingt au sort. »

Après quelques instants, les vingt dizaines favorisées par la fortune de l'héroïsme, se séparèrent du corps principal et formèrent autour du Prêtre la *phalange de la mort*. De rares étoiles dans un ciel orageux, quelques flammes rouges que lançait par intervalles le feu qui s'éteignait, éclairaient cette fête du sacrifice, où des enfants de vingt ans jouaient entre eux à qui mourrait pour la patrie. Alors de ses mains défaillantes, le Prêtre bénit les combattants et les victimes. Au milieu d'un religieux silence, des sanglots de femmes éclatèrent tout à coup.

La dizaine de David Stiebel avait eu un bon numéro, et Judyta se lamentait déjà comme une veuve. Au moment de se séparer, les deux troupes, cédant à un mouvement irrésistible, s'élancèrent l'une vers l'autre et se confondirent au mépris de toute discipline. On ne vit plus que des hommes qui s'embrassaient. Mais bientôt le cornet fit entendre un son prolongé; le cœur oppressé, les yeux humides, tous, excepté deux, rejoignirent leurs dizaines. Le comte Maryan et Lilla se dirigèrent vers l'arbre contre le tronc duquel le Prêtre se tenait appuyé; ils n'avaient pas eu la chance de David Stiebel.

La petite juive continuait à gémir. Son mari la suppliait en vain de suivre la bande du Polonais; elle s'obstinait à rester près de lui.

Lilla s'approcha du Prêtre. Ses yeux brillaient, ses lèvres tremblaient, son visage était plus blanc que l'albâtre :

« Je demande à rester, dit-elle.

— Ton père, s'écria Wénéda, ton père, cruelle enfant !

— Ma fille, ajouta le Polonais, pourquoi étant si jeune te vouer à la mort?

— J'ai méconnu mon père; je ne dois et ne veux le revoir qu'au ciel.

— Et moi, dit Maryan au chef, moi qui suis désarmé maintenant, que faudra-t-il donc que je fasse?

— Tu suivras avec ta dizaine le Polonais sans combattre.

— Au nom du ciel, s'écria le jeune homme en s'inclinant avec un pieux respect sur la main du

Prêtre, ne m'infligez pas cette honte et laissez-moi mourir ici près de vous. »

Le chef fut ébranlé; mais il n'en laissa rien paraître.

« Entendez-vous ces plaintes, poursuivit le jeune homme ; c'est Judyta qui pleure sur son mari. Elle vous a prodigué sa charité et vous allez la faire veuve! Écoutez, écoutez! Elle dit qu'elle ne veut pas se séparer de lui. Ah! ne privez donc pas de ses soins nos blessés et nos malades. Ne me rendez pas mes armes ; mais accordez-moi la grâce de prendre la place de Stiebel.

— Que le Polonais en décide, puisque c'est lui qui est ton chef maintenant.

— En te serrant la main tout à l'heure, dit le Polonais, j'avais bien senti que tu avais du cœur. Il m'en coûte de renoncer à un brave tel que toi; mais je ne saurais te refuser. Reste donc, non pour mourir, mais pour combattre! »

Et tandis qu'une larme mouillait le coin de sa paupière, il mit dans les mains du jeune homme son vieux mousquet de 1830.

En ce moment plusieurs coups de feu retentirent au loin, et l'on apprit que les premiers éclaireurs russes étaient en vue.

« Frère! dit le Prêtre au Polonais, en prenant à sa ceinture son pistolet et son sabre, accepte ces armes dont je n'ai plus la force de me servir. Garde-les en souvenir de moi. »

La petite juive s'approcha du comte Maryan, et lui baisant la main :

« Si Dieu me donne des enfants, dit-elle, je leur apprendrai à honorer ta mémoire. »

Les deux troupes se séparèrent pour toujours.

X

Aussitôt le Prêtre prit ses dispositions de combat : il choisit pour ses aides de camp les deux inséparables ; il ordonna à ses vedettes et à ses éclaireurs de se replier sur le gros de la bande ; il fit placer ses hommes de chaque côté de la route, derrière les plus gros arbres, pour s'en couvrir comme de boucliers; il leur recommanda de ne pas tirer un coup de fusil avant que l'ennemi ne fût à vingt pas, afin de lui faire un grand mal, et de l'effrayer aussi par une décharge générale.

Ceux qui avaient des fusils à deux coups devaient réserver leur second coup pour riposter aux Russes, pendant que les autres qui avaient des fusils de munition, rechargeraient leurs armes. En cas de confusion ou de déroute de leurs adversaires, les kossyniers et ceux qui n'avaient que des piques ou des sabres, devaient courir sus aux fuyards, en tuer le plus possible, et se replier de chaque côté de la route derrière les fusiliers. Cette manœuvre se répéterait tant qu'il y aurait des combattants.

Ces dispositions prises, et chacun à son poste, on attendit l'ennemi dans le plus grand silence.

Le jour n'était pas loin, mais l'obscurité allait combattre encore pendant quelques instants pour cette généreuse phalange. On laissa passer les éclaireurs russes et une petite avant-garde composée d'une trentaine d'hommes. Et quand les premiers pelotons qui marchaient par masses serrées, se furent avancés jusqu'à la portée voulue, le cri du milan s'éleva aigu et sinistre dans la forêt. A ce signal, plus de cent détonations éclatèrent, et presque autant de Moscovites mordirent la poussière. Ceux qui suivaient reculèrent effrayés ; et malgré les rappels réitérés et menaçants de leurs chefs, un grand nombre se débandèrent. Ils cherchaient en vain leur salut dans la fuite ; la plupart tombaient sous la faux des kossyniers, qui se jetaient sur eux comme des lions sur une proie trop facile.

Cependant l'ordre se rétablit dans les rangs ennemis. Le colonel Ticheff qui commandait en personne, ordonna à plusieurs compagnies de s'engager sous bois pour en débusquer les *brigands* par une vive fusillade et au besoin avec la baïonnette.

En même temps, il fit placer au milieu de la route deux canons qui vomirent à droite et à gauche des torrents de mitraille.

Les Polonais tenaient bon sous cette grêle de projectiles ; aucun ne songeait à fuir devant cette tempête de fer. Jusqu'alors, peu d'entre eux avaient succombé. Les balles et la mitraille sifflaient à leurs oreilles, mais ne frappaient le plus souvent que le tronc des arbres.

Seul, le Prêtre était à découvert : debout et appuyé contre un chêne, il regardait ses ennemis en face. Pour bien commander, ne devait-il pas suivre tous leurs mouvements ?

Quant au colonel Ticheff, ne sachant pas encore à combien d'ennemis il avait affaire, il continuait à prodiguer la poudre et les projectiles de la sainte Russie et à faire tuer sur la route un grand nombre de ses fils. Il lui paraissait indigne de l'uniforme russe que les soldats du tzar se missent à l'abri derrière les arbres comme de misérables insurgés polonais. Cet orgueil que plusieurs admireront peut-être, dut pourtant se résigner à céder lorsque trois cents pauvres diables furent couchés par terre. Mais le colonel Ticheff jura de prendre une revanche éclatante dès que le jour serait venu. Il ordonna donc aux fantassins, aux cavaliers et aux artilleurs de se porter sous bois et d'abandonner momentanément les deux canons au milieu de la route.

Le Prêtre vit cette manœuvre et dit au comte Maryan :

« Que vingt hommes aillent enclouer ces canons. Ils nous feraient trop de mal tout à l'heure.

— Oui, dit le jeune homme, j'y vais avec eux; adieu, mon père.

— Adieu, mon enfant. »

Le comte Maryan courut auprès de Lilla :

« Voici, lui dit-il, le moment des adieux.

— Déjà ! fit-elle; es-tu blessé ?

— Le Prêtre me charge d'aller avec quelques autres enclouer les canons.

— Eh bien, je t'accompagne !

— Non! non! » sécria-t-il suppliant.

Pour toute réponse, elle lui tendit ses lèvres; il y colla les siennes, et dans un baiser, le premier et le dernier, ils épuisèrent tout leur bonheur.

Vingt braves se ruèrent sur les canons. Prompts comme l'éclair, Maryan et Lilla plantèrent leurs poignards dans les lumières des pièces. Maryan voulut les y enfoncer avec le fusil du Polonais, mais une balle lui cassa le bras, une seconde lui traversa la tête. Il tomba foudroyé. Les dix-neuf autres gisaient à terre, et parmi eux Lilla baignée dans son sang.

« Ami, dit-elle, les yeux déjà voilés par l'agonie et sans savoir que celui qu'elle appelait ne l'entendait plus; ami, ne me laisse pas vivante aux mains des Russes. Au nom de notre amour, achève-moi. »

Ne recevant pas de réponse, elle fit un grand effort pour regarder autour d'elle, et voyant Maryan étendu sans vie, elle se traîna jusqu'à lui, prit sa main dans la sienne, poussa un soupir....

M. le conseiller d'État Casimir n'avait plus de fille.

. . . .

Cependant le jour était venu et l'on se battait avec une fureur égale des deux parts. D'autres vaillants s'étaient rués sur les canons pour les enclouer et pour venger leurs frères d'armes. Les artilleurs russes étaient accourus, eux aussi, à la défense de leurs pièces. La fusillade avait entièrement cessé de ce côté, et l'on se battait corps à corps. Par moments, quand les Polonais, cédant au nombre, étaient refoulés par les Russes, les artilleurs chargeaient leurs pièces à la hâte, et lorsque les Polonais revenaient à la charge, la mitraille les foudroyait à bout portant. Les recommandations du chef étaient oubliées. On ne songeait plus à se couvrir avec le tronc des arbres; on se précipitait sur l'ennemi, on l'attaquait avec furie, on le frappait avec rage. Les officiers étaient contraints comme les simples soldats de disputer leur vie aux lions polonais. Alors, a dit un poëte[1]:

Alors les plus beaux faits que l'histoire enregistre
Reparurent soudain sur ce terrain sinistre,

1. A. Barbier, *Revue des Deux Mondes.*

Et l'on vit, comme aux jours du vieux Léonidas,
Deux cents nobles enfants, au salut d'une armée,
Se dévouer et tous, de la gueule enflammée
Des canons dévorants recevoir le trépas.

Le Prêtre, sans voix pour commander, sans force pour combattre, s'était affaissé au pied du chêne; et là, impuissant, il assistait au massacre de ses soldats et de ses frères.

Lorsque quatre mille Russes eurent vaincu deux cents Polonais, le colonel Ticheff prit sa revanche, comme il se l'était promis : il laissa achever les blessés. Une agréable surprise lui était encore réservée: le redoutable chef avait succombé, lui aussi! Et ce qui resta pour le colonel une énigme plus impénétrable que celle du Sphinx, c'est qu'il ne trouva point le Prêtre parmi les siens, sur le champ du carnage, mais à cent pas de là, désarmé, sans une égratignure, les yeux et le visage mouillés de larmes

XI

Ce jour-là, aux premières heures de la soirée, le château de Zymiercz était en fête. Le grand salon et la salle à manger ruisselaient de lumières. Autour d'une table royalement servie, la belle Wénéda, le colonel Ticheff et ses officiers célébraient la victoire remportée sur le Prêtre et la complète destruction de sa bande.

Tous les fronts rayonnaient et surtout celui du colonel. En apprenant ses exploits, la déesse de son cœur ne lui avait-elle pas envoyé la plus aimable des invitations? Ne l'avait-elle pas accueilli avec son plus ravissant sourire? Aussi se comparait-il intérieurement au dieu Mars fêté par la mère des Amours.

Le matin, il avait envoyé à Varsovie un magnifique bulletin, daté du champ de bataille même, où il évaluait à une trentaine d'hommes mis hors de combat les pertes des Russes, et à mille ou douze cents morts celles des Polonais : on a vu des rapports moins modestes que celui-là.

La bande détruite, les blessés achevés, le bulletin expédié, le colonel se demanda si, en conscience, sa besogne n'était pas faite et bien faite. Puisque le Prêtre n'était plus là pour attaquer et piller le convoi, ce n'était vraiment pas la peine de pousser jusqu'au Bug, avec trois bataillons d'infanterie, trois escadrons de cavalerie et plusieurs sotnias de cosaques : un brillant trophée pour un vainqueur que des caisses de fusils, des paquets de cartouches, qui n'avaient pas même été pris à l'ennemi !

En conséquence, l'orgueilleux colonel avait rebroussé chemin avec le gros de ses troupes, ne détachant dans la direction du Bug qu'une compagnie d'infanterie appuyée par deux sotnias de cosaques. Ce détachement rentra le soir même à Wengrow, sans avoir rencontré le convoi et sans en apporter aucune nouvelle.

Des fenêtres de Zymiercz, la vue s'étend jusqu'à la route de Wengrow, et Mars n'était pas fâché de passer en triomphateur sous les yeux de Vénus.

« Peut-être, se dit-il, me verra-t-elle de loin. Le grondement du canon lui a déjà porté la nouvelle de ma victoire. La cruelle m'a tenu rigueur jusqu'ici ; et mon premier triomphe pourrait bien m'en assurer un autre, moins glorieux, mais plus doux. »

En se disant cela, le colonel retroussait galamment sa moustache.

Il arrivait en face de Zymiercz, lorsque Judyta coquettement attifée comme une femme de chambre de bonne maison, sortit d'une avenue qui menait du château à la route. Elle s'avança, légère et souriante, avec un papier gracieusement plié à la main.

« Pour M. le colonel Ticheff, dit la jolie soubrette en faisant une révérence d'heureux augure.

— Ah! ah! mignonne, demanda-t-il avec un sourire de conquérant, n'es-tu pas à Mme Wénéda?

— Oui, Excellence.

— Il n'y a qu'elle vraiment pour avoir de si gentils minois à son service. »

Il ouvrit le billet qui exhalait un parfum suave. C'était l'invitation. Enchanté, ravi, transporté par l'espoir d'une seconde victoire, il fit part à ses officiers de l'heureuse fortune qui leur tombait du ciel. Puis se tournant vers l'aimable messagère:

« Annonce à ta maîtresse, lui dit-il, que le colonel Ticheff s'empressera de se rendre, avec ses officiers, à son invitation. »

Son premier mouvement fut de renvoyer toute sa troupe à Wengrow. Les *brigands*, il les avait exterminés, et en supposant qu'il y en eût encore, oseraient-ils maintenant s'attaquer à un adversaire de sa taille? Cependant, pour se montrer l'égal des plus grands capitaines qui joignent la prudence à l'intrépidité, il se décida à garder trois cents hommes d'élite. Il congédia les autres sous la conduite d'un vieux major et de quelques officiers subalternes, tous soldats de fortune, gens mal élevés ou de basse extraction. Ceux-là ne lui semblaient pas dignes de figurer dans le brillant cortége de nobles épaulettes, avec lequel il voulait apparaître à la belle Wénéda. Il fit dans le château une entrée triomphale. L'intendant et les domestiques, tous Moscovites, comme je l'ai dit ailleurs, se pressaient sur son passage avec une curiosité effarée. Il fut singulièrement sensible, sans qu'il en laissât rien voir, à ces muets hommages de la valetaille. Jamais paon faisant la roue dans une basse-cour, ne se cambra plus fièrement que le colonel Ticheff, lorsqu'il passa devant ces échines courbées.

Son entrée au salon ne fut pas moins superbe. Ses lèvres dédaigneuses se recourbaient en arc à chaque coin; il avançait le buste et le menton, rejetant le front en arrière; il grimaçait un sourire protecteur. Ce fut avec l'allure et le geste d'un prince, mais d'un prince parfaitement ridicule, qu'il s'approcha de la maîtresse de la maison, pour lui baiser la main.

Après une conversation animée qui roula sur l'événement du jour, sur les prouesses du colonel que Wénéda se plut à porter jusqu'aux nues, on passa dans la salle à manger et l'on se mit à table. Il était alors environ quatre heures de l'après-midi.

Pendant ce temps, les trois cents hommes d'élite avaient mis leurs armes en faisceaux au milieu de la cour. La châtelaine avait ordonné que l'on fît faire chère-lie à ses bons amis les Russes, et qu'on leur versât l'eau-de-vie à pleins gobelets. Afin que ces ordres reçussent la plus parfaite exécution possible, ils avaient envahi celliers et garde-mangers, emporté les provisions de bouche, défoncé les barriques, et peu s'en fallut même qu'entraînés par leur fureur pillarde, ils ne prissent sur les fourneaux des cuisines le dîner de leurs officiers. Quand ils furent repus comme des porcs, ils se mirent à boire comme des éponges.

Plusieurs dormaient ivres-morts, d'autres dansaient avec des jambes de plomb, d'autres chantaient des refrains obscènes, quelques-uns se querellaient, ceux-ci riaient, ceux-là pleuraient. L'orgie brutale régnait au rez-de-chaussée, tandis qu'au premier étage une aimable et piquante ébriété faisait circuler autour de la table de joyeux et galants propos assaisonnés à la sauce moscovite.

Le Polonais, sous son bel habit de livrée, se multipliait autour des convives. Il excitait, par son exemple, le zèle des domestiques paresseux à remplir les verres vides. Il courait du colonel au major et du major au capitaine, une bouteille dans chaque main. Il s'acquittait de son rôle de valet avec une gravité solennelle qui fut remarquée et qui fit rire.

« Belle châtelaine, avait dit à Wénéda son voisin de droite, vous avez là un précieux majordome. »

Et son voisin de gauche avait ajouté :

« Il est moins joli, mais plus agile qu'Hébé, et comme elle, c'est du nectar qu'il nous verse.

— Il est plus grave que Jupiter olympien, fit un capitaine.

— Si le maître des dieux, hasarda un sous-lieutenant, eût commis la barbarie d'en faire votre époux, madame, je le comparerais volontiers à Vulcain.

— Ah! ah! daigna répliquer le colonel Ticheff, en faisant la bouche en cœur, s'il en était ainsi, je me battrais en duel avec le dieu Mars. »

Wénéda souriait complaisamment à ce pathos mythologique. Quant au Polonais, impassible comme le dieu Therme, il redoublait d'activité dans son rôle d'échanson. Et à mesure que les convives devenaient plus gais, grâce à leurs verres aussitôt remplis que vidés, il paraissait, lui, devenir plus sérieux et plus sombre. Wénéda excitait non l'ivresse du vin, mais celle du rire qui l'achève. Son esprit petillait comme le champagne, ses saillies partaient comme des fusées; par moments, sa gaieté éclatait comme un bouquet de feu d'artifice; mais son regard était fixe et dur, son visage plus blanc que ses dentelles.

Enfin, le moment vint où tous les convives parlèrent à la fois, et, au milieu de cette confusion, le dieu Mars sollicita d'un air suppliant l'hospitalité pour la nuit, en effleurant de ses lèvres l'épaule de sa déesse. Wénéda tressaillit comme au contact d'un reptile.

Elle tourna la tête vers le Polonais, qui sortit de la salle et en tira la porte sur lui.

Un milan poussa près du château son cri aigu et sinistre.

« Avez-vous entendu, colonel? dit un officier un peu moins gris que les autres.

— Quoi donc?

— Le cri de ralliement du Prêtre?

— Reviendrait-il de l'autre monde? fit le colonel; allons, messieurs, un dernier verre à sa santé! »

Ce toast à la tartare trouva chez les convives un chaleureux écho.

« Messieurs, je suis superstitieuse, dit en se levant Wénéda, n'évoquons pas les morts et buvons plutôt aux vivants. »

Et soulevant son verre, tandis qu'en dépit d'elle-même une amère ironie passait sur ses lèvres :

« Je propose, ajouta-t-elle, un dernier toast avec tout le respect, toute l'admiration et tout l'amour que je lui porte, à... »

Une violente détonation qui retentit au dehors lui coupa la parole. Tous les officiers, le colonel en tête, se précipitèrent aux fenêtres, beaucoup en trébuchant. Wénéda se rassit, ou plutôt retomba sur sa chaise, et parut frappée de terreur.

« O mon Dieu ! qu'est-ce donc, colonel ? » fit-elle d'une voix plus ferme peut-être qu'il ne l'eût fallu pour la circonstance.

Mais le galant et orgueilleux vainqueur négligea de lui répondre, tellement le spectacle auquel il assistait lui semblait intéressant : dans la cour du château, ses trois cents hommes d'élite étaient couchés à plat ventre devant des ombres noires qui les entouraient de toutes parts ; d'autres ombres circulaient au milieu d'eux, défaisant les faisceaux d'armes et emportant tranquillement les fusils.

Plus superstitieux encore dans ce moment-là que la dame de ses pensées, qu'il oubliait du reste entièrement, le colonel sentit une sueur froide lui mouiller les tempes.

« Est-ce qu'en vérité, dit-il, les morts sortent de terre dans cette Pologne maudite ?

— Oui, » fit quelqu'un derrière lui.

S'étant retourné vivement, il aperçut le Polonais, toujours sous son habit de livrée et dont toute la personne exprimait l'épouvante.

« C'est la bande du Prêtre, colonel, celle-là même que vous avez détruite ce matin, et qui revient de l'autre monde ce soir, pour reprendre sa revanche. Ah ! c'en est fait de nous !

— Aux armes! » cria le colonel en s'élançant vers une fenêtre.

Les officiers tirèrent leurs épées.

« Aux armes! » cria-t-il de nouveau par la fenêtre aux trois cents hommes d'élite, dont pas un ne bougea.

« Aux armes! » répéta-t-il pour la troisième fois en agitant son épée avec un geste théâtral. Le colonel posait toujours et jusque devant l'ennemi.

Plusieurs coups de feu retentirent, et deux balles sifflèrent à ses oreilles. Il se recula brusquement.

« Les morts tirent assez mal, dit-il avec un beau dédain que démentait sa pâleur. Allons, messieurs, puisque nos gens ont peur de ces ombres, courons nous-mêmes leur tailler des croupières. »

Il s'élança vers une porte; mais au même instant et comme par magie, toutes les portes s'ouvrirent à la fois, et cent fusils couchèrent en joue le colonel et ses officiers.

Un soupçon traversa l'esprit du dieu Mars, qui chercha des yeux sa déesse. Il la vit évanouie dans un fauteuil; le Polonais lui prodiguait des soins.

Une ombre s'avança vers le colonel. Elle avait fort bonne mine vraiment pour une échappée de la tombe : des yeux petillants d'intelligence et d'énergie, de beaux cheveux noirs, des dents de nacre, le nez un peu recourbé des fils de Jacob, enfin dix-huit ans au plus. C'était David Stiebel.

« Vos épées! dit l'enfant aux officiers russes; et vous, frères, ajouta-t-il en se retournant vers les autres ombres, au moindre signe de résistance, feu! et visez juste. C'est l'ordre. »

Tandis que le colonel se concertait avec ses officiers, David Stiebel jouait avec les poils follets de sa moustache naissante. Il était heureux et fier de la tâche que lui confiait ce soir-là le Polonais. Après qu'il se fut séparé de ceux qui restaient avec le Prêtre, le jeune israélite frémit à l'idée qu'il pourrait passer pour lâche aux yeux de sa nouvelle dizaine. Aussi, à l'attaque du convoi, joua-t-il si franchement sa vie qu'il fut traité en héros par ses compagnons d'armes.

« Tu t'es montré ce matin aussi intelligent que brave, lui avait dit le Polonais deux heures auparavant. C'est toi que je charge de désarmer les Russes du salon. »

Et il avait donné ses instructions à David Stiebel, qui les exécutait maintenant à la lettre.

« Vos épées! répéta-t-il bientôt, et dépêchez-vous de me les remettre, ou nous vous les prendrons. Vos hommes n'ont pas fait tant de façons pour nous donner leurs fusils.

— Mais, objecta Ticheff, qui nous garantit que vous ne nous assassinerez pas quand nous serons désarmés?

— Oui, s'écria le jeune israélite avec une noble

indignation, vous autres Moscovites, vous faites de ces infamies-là ! mais de braves Polonais comme nous en sont absolument incapables. On ne vous ôtera pas un cheveu de la tête ; seulement, avec vos armes, vous nous abandonnerez aussi vos chaussures.

— Jamais, s'écria le dieu Mars en prenant une pose tragique, jamais je ne consentirai à cette humiliation ! »

Et il tourna un peu la tête pour juger quel effet son héroïsme produisait sur Wénéda, que les soins du Polonais avaient rappelée à la vie.

« Vos soldats ont déjà ôté leurs souliers, » fit David Stiebel d'un air goguenard.

Le colonel ne lui répondit pas. Un grand combat se livrait entre son amour de la vie et son orgueil soumis à la plus cruelle des épreuves. Quant à ses officiers, leur perplexité était une véritable angoisse.

Wénéda vint à leur secours :

« Que les Polonais, dit-elle, se montrent généreux jusqu'au bout ; il est beau de ne point humilier un ennemi vaincu. »

Et comme les Russes la considéraient avec surprise, elle ajouta :

« Notre auguste maître le czar saura que vous ne vous comportez pas en brigands, mais en soldats ; et peut-être ordonnera-t-il qu'on vous traite de même.

— D'ailleurs, observa timidement le Polonais, vous ne garderiez pas trois jours aux pieds les fines chaussures de MM. les officiers.

— Soit ! » dit David Stiebel, que cette considération parut convaincre.

Quelques instants après, les trois cents hommes d'élite quittaient le château, sans armes et sans chaussures. Le colonel et ses officiers les suivaient, la tête basse. Ils défilèrent entre deux rangs d'insurgés qui leur firent le salut militaire avec leurs propres armes.

XII

En apprenant la mort de sa fille unique, M. Casimir ne mit pas de crêpe à son chapeau, mais son cœur ne fut plus qu'une cendre. Il continua à siéger au conseil d'État et à se montrer dans les salons du gouverneur général et des principaux fonctionnaires de Varsovie. Son zèle moscovite parut redoubler. On remarqua pourtant qu'il ne donnait plus de fêtes. Il se le reprochait parfois ; mais sa force d'âme reculait devant ce dévouement-là.

Des lumières, des fleurs dans sa maison, vouée au deuil éternel; des rires près de la couche virginale où Lilla ne devait plus s'endormir jamais, paisible et souriante, ayant au front le baiser et la bénédiction du soir : en vérité, c'était au-dessus de son courage, et il craignait que sa douleur ne le trahît en face d'une telle profanation. Il s'était donc résigné à ne plus donner de fêtes. Mais, par compensation, il se montra plus ardent champion que jamais de la cause russe. Les patriotes de Varsovie ne concevaient pas qu'un si grand coupable trouvât grâce devant le poignard justicier du tribunal révolutionnaire.

Qu'on juge de leur étonnement, de leur stupéfaction, lorsqu'un matin, à leur réveil, ils apprirent que M. le conseiller d'État venait d'être arrêté dans sa maison et conduit sous bonne escorte à la citadelle. Ce fut l'événement du jour.

« De quoi donc est-il accusé?

— De haute trahison.

— Envers nous, soit; mais envers le czar.... impossible!

— C'est le bruit général.

— Comment aurait-il pu trahir les Russes? Il n'avait de relations qu'avec eux.

— Vous connaissez sans doute le manifeste du comité national qui promet la terre aux paysans et les appelle aux armes?

— Parbleu, il a été affiché hier sur tous les murs de la ville, distribué dans tous les cafés.

— Eh bien! il paraîtrait que le général Lassoff....

— Le bourreau de la citadelle!

— Aurait lancé un mandat d'arrêt contre M. Casimir, sur la dénonciation d'un ouvrier typographe qui l'accuse d'avoir fait imprimer, afficher et distribuer le manifeste? »

Tout cela était vrai.

Ce que la grande épopée contemporaine offre peut-être de plus merveilleux, c'est la mystérieuse organisation du gouvernement invisible qui a son siége à Varsovie, d'où il dirige le mouvement insurrectionnel dans toute la Pologne. Ce pouvoir insaisissable rend des décrets, lance des manifestes, lève des impôts, accrédite des ambassadeurs. Il a son trésor, ses bureaux, ses tribunaux et ses journaux, ses agents civils et militaires, ses juges et jusqu'à ses bourreaux. On l'aime et on le craint; il est respecté de tous. On lui obéit comme au véritable maître. La police russe, pour pénétrer jusqu'à lui, épuise toutes les ressources d'une habileté renommée. Le czar a recours même aux plus fins limiers de la police anglaise. Vaines tentatives : le gouvernement national de Varsovie demeure introuvable, et il continue d'exercer l'autorité souveraine au siége même de la domination russe, au milieu d'une armée de quarante mille hommes. Le grand-duc Constantin, exaspéré par l'inutilité des recherches, s'écriait un jour devant le directeur de la police : « Mais où donc se tient-il ce gouvernement invisible, et de quelles gens est-il donc composé? » Le directeur de la police lui répondit : « Altesse, il est partout et tout le monde en est. »

En désespoir de cause, les Russes essayèrent de la corruption : une forte somme fut promise à celui qui mettrait sur la piste du comité national ou qui dénoncerait un de ses membres. L'argent de Judas tenta un misérable ouvrier typographe qui s'en vint trouver le général Lassoff, président de la commission extraordinaire de Varsovie. C'était le même qui déjà sous Nicolas dirigeait ces sinistres interrogatoires où la torture, diversement graduée, arrachait aux accusés l'aveu de complots réels ou imaginaires. Ce digne confrère du bourreau avait repris depuis peu ses honorables fonctions, supprimées à Varsovie pendant les premières années du règne d'Alexandre II.

La veille, dans l'après-midi, l'ouvrier délateur s'était présenté chez le général en disant qu'il avait d'importantes révélations à lui faire. Il fut introduit sur-le-champ :

« Que sais-tu? lui demanda le président de la commission extraordinaire ; mais d'abord, qui es-tu?

— Je suis typographe et je travaille à l'imprimerie nationale. »

Le général Lassoff ouvrit ses oreilles toutes grandes.

« Tu vas donc me dire où sont les ateliers? »

Le traître indiqua la rue et le numéro de la maison.

« C'est au quatrième étage, ajouta-t-il. Vous ne verrez là que des ouvriers tailleurs travaillant à leurs pièces. Mais derrière une grande armoire, il y a une ouverture dissimulée dans la muraille. Passez outre et vous trouverez l'imprimerie.

— Combien êtes-vous de typographes?

— Vingt.

— Et quand êtes-vous à la besogne?

— Jour et nuit. On se relève de six en six heures par escouades de cinq.

— Si tes renseignements sont exacts, tu toucheras demain la récompense promise, sinon.... Est-ce tout ce que tu as à me dire?

— Non, et voici l'essentiel : M. le conseiller d'État Casimir Bradniki est un traître.

— Pardieu! il n'y a qu'une voix là-dessus parmi les Polonais.

— Vous me comprenez mal : je dis qu'il trahit les Russes.

— Hein! fit avec un soubresaut le président de la commission extraordinaire; quelles preuves en as-tu? On te les payera au poids de l'or.

— Doublez la somme, dit le Judas.

— Soit ! mais parle vite.

— C'est M. Casimir qui, dans la nuit du 4 au 5, nous a apporté le manifeste du comité national.

— Es-tu sûr au moins de ce que tu avances ?

— Il me l'a remis à moi-même, et je l'ai imprimé avec quatre autres.

— Tu le jurerais sur le Christ devant M. Casimir ?

— Oui. »

Le sens moral était si complétement perverti chez cet honorable magistrat, que, pour confondre un accusé, il eût fait jurer le diable sur les saints Évangiles.

« Tu as imprimé le manifeste, dis-tu, avec quatre autres.... Leurs noms ?

— A quoi bon ? Il vous est facile de les faire arrêter avec moi dans une heure.

— Ah ! je comprends : tu ne veux point passer pour délateur.

— Je ne veux pas être poignardé. Il est cinq heures ; à six, notre corvée commence jusqu'à minuit. Faites-nous arrêter tous les cinq, et relâchez-moi ce soir, après m'avoir remis la récompense doublée.

— Je n'ai rien à refuser à un brave garçon comme toi. »

Le Judas sortit, et à six heures il se rendit à l'atelier, qu'une escouade d'agents russes envahit à six heures et demie. Ils trouvèrent une presse, des caractères, des ustensiles d'imprimerie, et sur le marbre plusieurs proclamations prêtes à être tirées. Des manuscrits ou des ouvriers, point. Mais en fouillant partout, et notamment dans la grande armoire, ils y découvrirent le délateur le cœur percé d'un poignard. Il avait sur la poitrine un arrêt de mort rendu par le tribunal révolutionnaire.

Le général Lassoff regretta amèrement la perte d'un si précieux coquin. Dans la nuit, il fit arrêter M. Casimir, qui se laissa mener à la citadelle sans r en dire. Immédiatement, sa maison fut fouillée depuis les caves jusqu'aux combles. Le président de la commission extraordinaire, qui avait voulu procéder lui-même à une perquisition minutieuse, ne put mettre la main sur aucun papier compromettant. Au contraire, tous ceux dont il s'empara témoignaient du zèle édifiant avec lequel M. le conseiller d'État se dévouait à la chose russe. Le général Lassoff accourut à la citadelle pour interroger son prisonnier; mais cet interrogatoire et ceux qui suivirent restèrent sans résultat. M. Casimir adopta un système de défense qui, s'il ne prouvait pas son innocence, empêchait du moins d'établir sa culpabilité : pendant les trois semaines qu'il demeura enfermé dans un infect cachot de la citadelle, on ne put lui arracher une seule parole.

Pour lui ouvrir la bouche, le président de la commission extraordinaire lui infligea durant plusieurs jours et plusieurs nuits *le supplice de la veille*. Un gardien était chargé de le tirer par la manche de son habit toutes les fois qu'il cédait à la tentation du sommeil. M. Casimir ne parla pas.

Alors, le général Lassoff le fit battre de verges plusieurs fois de suite et si cruellement que tout son corps ne formait plus qu'une plaie. M. Casimir ne parla pas.

D'autres moyens encore furent employés, non moins atroces et persuasifs. M. Casimir ne parla pas.

Si bien que plusieurs membres de la commission extraordinaire se refusèrent à le juger, le croyant frappé de la folie du mutisme.

On le laissa enfin mourir en paix dans son cachot.

M. Casimir expira le sourire sur les lèvres : son esprit, exalté par une longue agonie, lui avait montré, dans une vision rayonnante, la Pologne affranchie du joug moscovite, grande et heureuse parmi les nations libres!

Le convoi du pauvre le porta au cimetière Powonski, où il ne fut pas même accompagné du chien qui suit la dépouille de son maître. Tous les bons citoyens se détournaient de ce misérable qui avait trahi.

Cependant, le lendemain matin, les agents russes trouvèrent deux couronnes d'épines sur la fosse commune, à la place où M. Casimir avait été enterré. Près de là ils relevèrent le cadavre d'un espion chargé de dénoncer à l'autorité moscovite les Polonais coupables d'honorer les morts.

Le général Lassoff fut poignardé un matin, comme il sortait de chez lui pour aller à la citadelle interroger d'autres victimes.

HALCA

HALCA.

I

Halca, assise au fond de la barque, regardait couler l'eau d'un œil mélancolique, tandis que son père, le pêcheur Boleslas Majak, relevait ses filets en chantant :

« O Wista[1], tu es chère au cœur polonais !

« Le sang des fils de la patrie s'est mêlé bien des fois à tes ondes, depuis que les Moskali, ces chiens de la horde tartare, ont souillé tes rives sacrées.

« O Wista, tu es chère au cœur polonais !

« Les fiancées et les veuves ont versé assez de pleurs pour faire déborder tes flots, depuis que le barbare, sorti de la steppe d'Asie, a passé au cou de la Pologne son anneau d'esclave.

1. Vistule.

« O Wista, tu es chère au cœur polonais!

« Tu as vu les jours heureux où la Pologne, en agitant son glaive, faisait trembler tous ses ennemis. Alors cette terre et ce soleil étaient à nous comme le sang qui coule dans nos veines.

« O Wista, tu es chère au cœur polonais! »

Pendant que le pêcheur Boleslas chantait, des larmes silencieuses roulaient sur les joues d'Halca. Elle parut sortir d'un rêve quand son père lui dit d'un accent joyeux :

« Regarde, fillette! la pêche est bonne.

— Oh! oui, père, » répondit-elle.

Et prestement elle retira de la poche du filet le poisson frétillant, qu'elle jeta dans une manne.

« Nous souperons bien ce soir, reprit Boleslas; mais d'abord, et pendant que tu allumeras le feu, je m'en vais porter au château les plus beaux morceaux de ma pêche. »

II

Boleslas Majak n'avait pas passé toute sa vie à jeter le filet dans la Vistule; son enfance avait connu le bien-être. Fils d'un fermier-propriétaire, il se rappelait vaguement le temps heureux où son père le prenait en croupe en revenant du labour, où sa mère lui réservait pour son souper un gâteau au miel. Il revoyait encore, comme à travers un brouillard, la ferme avec les bœufs et les vaches ruminant dans l'étable, et les poules picorant sur le fumier, et les oies barbotant dans la mare, puis dans la salle commune, l'image de Notre-Dame de Czenstoschowa environnée de rayons d'or et d'argent.

Mais le malheur avait frappé sur Boleslas des coups si cruels et si nombreux que le pauvre homme chassait le souvenir du passé, et n'osait regarder en arrière dans sa triste vie.

Majak le père avait l'un des premiers, en 1830, répondu à l'appel du gouvernement national. Il embrassa sa femme sur les lèvres, son fils sur le front, il prit sa faux et s'en alla se ranger parmi les terribles kossyniers. Il ne rentra plus chez lui. Sa veuve revêtit ses habits de deuil, et comme le petit Boleslas, qui avait alors neuf ans, fondait en larmes :

« Ne pleure pas, mon garçon, lui dit-elle, ton père est mort pour la patrie. »

Quand *l'ordre régna à Varsovie*, la ferme fut confisquée et l'enfant enlevé à sa mère. On l'envoya à Minsk, en vertu d'un décret du feld-maréchal Paskievitsch. « La volonté de S. M. l'Empereur est que tous les enfants mâles, vagabonds, orphelins et pauvres, dans le royaume de Pologne, soient incorporés dans les bataillons des cantonistes militaires. »

Voilà ce que portait cet ordre.

Quant à la veuve du patriote Majak, on ne sait ce qu'elle devint. Comme beaucoup de veuves de ce temps-là, elle mourut sans doute de chagrin et de misère.

Boleslas fut donc incorporé avec tous les enfants polonais de sept à seize ans dont les pères étaient morts ou en exil. Il reçut de la libéralité du czar Nicolas un bonnet en drap gris avec des parements jaunes, un manteau et une veste à collet jaune et à boutons unis, un pantalon gris sans parements, un col-cravate noir, des bottines, deux chemises et un morceau de toile pour tenir lieu de bas [1].

L'enfant expia pendant dix ans dans les compagnies de discipline le crime de toute la Pologne; puis il fut envoyé à l'armée du Caucase pour combattre et détruire les Circassiens, coupables eux aussi de chérir leur patrie. Seul et triste, sans un ami et sans une espérance, Boleslas ne chercha point à tuer les Circassiens, mais bien plutôt à se faire tuer par eux. La mort, qu'il bravait dans toutes les

1. Ordre du 1/13 mai 1832.

rencontres, l'épargna toujours. Atteint plusieurs fois, aucune de ses blessures ne fut mortelle. Ses chefs le voyant et le premier à l'assaut et le plus intrépide au fort de la mêlée, le signalèrent comme un héros. On lui donna des médailles et les galons de sergent, qui ne le rendirent ni plus fier ni plus gai surtout; le régiment l'avait surnommé Boleslas le Noir.

Enfin, en 1848, affaibli par les fatigues de la guerre, Majak fut mis à la réforme et obtint son congé définitif. Il put revenir au sol natal par une faveur exceptionnelle, car le czar ne rend presque jamais à la Pologne les enfants qu'il lui a pris.

Il avait hâte de revoir les beaux lieux où sa mémoire lui montrait le soleil brillant sur des fleurs; mais il ne put jamais retrouver la ferme de son père. La maison, l'étable, la basse-cour, l'image de Notre-Dame de Czenstoschowa, sa mère, sa pauvre mère, tout avait disparu! Il vit alors la nature à travers un voile noir : les feuilles, les fleurs étaient ternes, et le soleil d'un gris de cendre comme sa capote d'uniforme, qu'il s'arracha du corps et mit en pièces dans un transport de sauvage désespoir.

Mais Boleslas avait trop souffert déjà pour que ce dernier coup pût l'achever.

L'air du pays lui fit du bien, d'ailleurs, au corps et à l'âme. Tous ceux auxquels il raconta son histoire se sentirent émus de pitié pour lui. Les vieux l'accueillirent comme un fils dont ils n'espéraient plus le retour, les enfants comme un héros qui avait vu et fait des choses merveilleuses; les hommes le traitaient en frère et en ami, les femmes pleuraient avec lui: est-il de plus douces consolations?

L'une d'elles, jeune et jolie, fut touchée plus vivement que les autres. Il s'en aperçut et l'aima. Mais l'amour ne suffit pas pour nourrir une femme et élever une famille. Boleslas alla trouver le propriétaire d'un domaine qui s'étendait le long de la Vistule, aux portes de Kazmiercz.

« Permettez-moi, lui dit-il, de construire une cabane sur votre terrain, au bord de la rivière, et on vous servira sur votre table les plus beaux poissons de la Wista. »

Le propriétaire y consentit, et Boleslas se maria; c'etait en 1849.

L'année suivante, il devint père. Mais, comme si le malheur n'avait pas voulu se séparer de cet ancien et fidèle compagnon, la femme de Boleslas mourut en mettant au monde la petite Halca.

De quel amour il aima cette enfant, nulle bouche humaine ne saurait le dire!

III

Halca, à treize ans, était une très-jolie fillette, blonde, aux grands yeux gris, mais déjà sérieuse et muette comme une jeune fille déçue de son premier espoir. C'était elle à présent qu'on eût pu appeler Halca la Triste, tandis que Boleslas était devenu presque gai au doux contact de son enfant.

« Pourquoi donc es-tu si chagrine? » lui demandait-il parfois.

Elle souriait avec mélancolie et se taisait, ou bien elle répondait au pêcheur en se jetant dans ses bras comme pour y chercher un refuge :

« Père, j'ai peur.

— Que crains-tu donc, fillette?

— S'il t'arrivait malheur ! Oh! ces démons de Moskali ! »

Puis elle tombait dans un accablement profond. Elle restait de longues heures immobile, les yeux fixés sur quelque chose d'invisible pour tout le monde excepté pour elle ; ses doigts s'agitaient fiévreusement, mais sa pensée était ailleurs. Souvent l'ouvrage commencé tombait de ses mains, sa respiration devenait haletante, son regard sombre et menaçant, une pâleur livide se répandait sur ses traits.

Des visions sinistres, des images sanglantes traversaient-elles son esprit, il lui échappait des plaintes déchirantes, des cris de fureur et de vengeance. Son père, effrayé, la rappelait à elle en la pressant sur son cœur, en la couvrant de baisers. Mais lorsqu'il l'interrogeait sur ses angoisses, elle paraissait profondément étonnée, et lui répondait simplement :

« Je ne sais pas. »

Boleslas avait raconté cent fois à sa fille, et dès le berceau, le martyre de la Pologne. Il lui avait inoculé dans les veines la haine des Moskali. Quand éclata l'insurrection polonaise, Halca en reçut une commotion si forte qu'elle faillit en mourir.

« Si j'allais me faire tuer, dit le père, que deviendrait-elle ? »

Et il resta, car il aimait encore plus sa fille que sa patrie.

IV

Ils avaient donc fait bonne pêche, et le filet vidé, la barque attachée à la rive, le pêcheur se disposait à porter ses plus beaux poissons au château, tandis que Halca entrait dans la cabane pour y allumer le feu. Il était six heures du soir. On était aux premiers jours d'avril ; la nuit tombait.

A peine Boleslas avait-il fait quelques pas qu'il aperçut un homme courant à toutes jambes vers la Vistule.

« Hé! l'ami! lui cria-t-il, veux-tu te jeter à l'eau? »

Mais l'homme continuait sa course folle sans l'entendre ou l'écouter; et il allait atteindre la Vistule, quand le pêcheur l'arrêta.

« Hé! l'ami! si tu désires passer l'eau, entre dans ma barque. »

L'homme, épuisé d'haleine et de force, regarda fixement Boleslas et lui dit :

« Les cosaques me poursuivent; si je ne traverse pas la rivière, je suis mort. »

Ils entrèrent dans la barque, que deux vigoureux coups de rame éloignèrent du rivage.

Alors, après avoir largement respiré, l'insurgé, car il était facile de le reconnaître pour tel à son équipement, parla ainsi :

« Kazmiercz est au pouvoir des Russes; nous avons succombé sous le nombre. Des cent vingt combattants qui composaient ma bande, je reste seul. Sais-tu, mon brave homme, que tu t'exposes à la mort en recevant dans ta barque le comte Lukowski?

— Je le sais, reprit simplement Boleslas, mais je sais aussi que je ne vaudrais pas le dernier des Moskali si je te laissais tomber entre leurs mains.

— Tu es un bon patriote.

— Nous le sommes tous. »

La barque touchait à l'autre bord. Le comte serra les mains de Boleslas dans les siennes et lui dit d'une voix émue :

« Oh! vois-tu, la patrie est sauvée, puisque tous ses enfants, paysans ou nobles, juifs ou chrétiens, se dévouent à sa délivrance. »

Et il mit pied à terre.

« Où vas-tu? lui demanda Boleslas.

— Du côté de Radom, où se trouve une *phalange du désespoir*.

— Mais si les cosaques passent la Vistule, ils t'auront bientôt rejoint.

— C'est vrai.

— Cache-toi dans ces roseaux et laisse courir ces chiens après toi. Cette nuit, je t'apporterai à manger, et au point du jour tu te remettras en route.

— Merci, dit le comte.

— Quant à moi, reprit Boleslas, je vais noyer ma barque; les cosaques ont peur de l'eau, et la Vistule les arrêtera peut-être. »

Il inclina la barque pour y faire entrer l'eau, et lorsqu'elle fut immergée, il regagna l'autre rive à la nage. En le voyant entrer dans la cabane tout ruisselant, Halca lui prit la main et le conduisit devant un feu flambant.

« Bon père ! dit-elle, et elle l'embrassa avec une tendresse passionnée.

— Ma foi ! dit Boleslas, on se passera pour cette fois de poissons au château : c'est le patriote qui les mangera. »

Et il les mit dans la marmite qui bouillait sur le feu.

V

En ce moment le galop de plusieurs chevaux lancés à toute vitesse retentit au dehors. Une minute après, la porte de la cabane s'ouvrait brusquement, et une bande d'hommes furieux se ruaient à l'intérieur.

« Où est le brigand? demanda l'un d'eux, qui paraissait être le chef.

— Je ne sais pas ce que vous voulez dire, répondit Boleslas de l'air le plus naturel du monde.

— Vraiment, tu ne l'as pas vu?

— Qui donc?

— Le brigand de Kazmiercz. C'est le seul qui nous ait échappé; tous les autres sont morts....

— Ou du moins enterrés, » ajouta un cosaque.

Un rire féroce accueillit cette allusion à l'usage adopté par les Russes en Pologne de ne point faire de quartier, et d'enterrer pêle-mêle les blessés avec les morts.

« Monstre! » s'écria Halca, livide, la bouche contractée, les yeux pleins d'éclairs; et saisissant un couteau, elle s'élança sur le cosaque. Mais le soldat esquiva le coup, et prenant la fillette par le bras et par la taille, il voulut l'embrasser. En voyant approcher d'elle ces lèvres immondes, Halca poussa un cri d'horreur, et Boleslas, d'un vigoureux coup de poing, envoya rouler le misérable à dix pas de sa fille. L'enfant s'élança dehors avec son couteau à la main. Folle de rage et d'épouvante, elle resta debout, sans souffle et sans mouvement, contre le mur extérieur de la cabane. Elle eût donné sa vie et son salut éternel pour broyer sous ses petits pieds les bourreaux de la Pologne.

Tout à coup elle fut rappelée à elle par des plaintes déchirantes qui partaient de la cabane. Elles retentirent douloureusement dans son cœur.

« Père ! père ! » s'écria-t-elle.

Mais les cris continuaient plus poignants; les soldats blasphémaient ou riaient.

« Ah ! vermine polonaise, tu ne veux pas nous dire où a passé le brigand ! Voilà pour t'ouvrir la bouche.

— Tu es pêcheur, et tu n'as pas de barque ! Prends donc ceci pour t'en acheter une.

— Tous ces chiens-là s'entendent pour nous tromper, comme les Ispravniks[1] pour voler sur la ration du soldat. Il faut en purger la terre.

— Expédions celui-ci en enfer.

1. Fonctionnaires.

— Hourra! hourra! »

La fille du pêcheur colla son oreille contre une fente de la porte. Que vit-elle? Un effroyable spectacle sans doute, car en frissonnant elle fit quelques pas en arrière, et tomba comme une masse sur la berge de la Vistule.

Ce qu'elle vit!...

Au milieu de la cabane, Majak était attaché sur la table par les mains et par les pieds, la tête en bas, le corps dépouillé de ses vêtements. Rangés autour de la victime, les cosaques l'insultaient, et à chaque nouvel outrage ils lui frappaient le dos et les reins avec le knout moskovite. En recevant les premiers coups, le malheureux n'avait poussé aucune plâinte; mais bientôt, ses chairs mises au vif et son corps ne formant plus qu'une plaie, la douleur l'avait vaincu, et à chaque nouveau coup du terrible fouet à nœud, il laissait échapper un de ces cris qui avaient épouvanté sa fille.

Ce qu'elle vit encore!...

Tandis que deux ou trois soldats torturaient son père, d'autres retiraient les poissons de la marmite et les dévoraient bouillants, d'autres enfonçaient les armoires et dérobaient le linge et l'argent. Le chef découvrit les médailles militaires décernées à Boleslas par le czar de toutes les Russies et de tous les cosaques; il les mit dans sa poche à l'insu de ses subordonnés, se disant à part lui :

« Il paraît que ç'a été un fier soldat! »

Cependant Boleslas, sous le fouet de la douleur, poussait des cris de plus en plus aigus et déchirants. Les bourreaux répétaient :

« Apprends-nous où a passé l'homme de Kazmiercz, et nous te lâcherons. Parle ou meurs ! »

Majak gardait le silence. Plutôt que de trahir le vaincu, il était résigné à mourir, et quand son courage faiblissait sous l'étreinte de la souffrance, il invoquait Notre-Dame de Czenstoschowa. Enfin, il s'évanouit.

A ce moment, un homme se précipita dans la cabane, et les cosaques poussèrent un hurrah triomphant. C'était le comte Lukowski.

Les cris de la victime étaient arrivés jusqu'à lui. Sortir de sa cachette, remettre la barque à l'eau, revenir sur l'autre bord de la Vistule, ç'avait été pour lui l'affaire d'un instant.

Il venait sauver Boleslas en se livrant à ses ennemis.

« Faites de moi ce qu'il vous plaira, dit-il froidement à ces hommes féroces, mais épargnez cet innocent. »

Et avec un poignard il coupa les cordes qui attachaient le pêcheur sur la table. Majak resta inanimé, et le comte, qui avait bravé la mort sans pâlir sur dix champs de bataille, sanglota comme une femme devant ce corps mutilé. Il trempa son mouchoir dans un seau d'eau froide et étancha le sang qui coulait des plaies. Boleslas ouvrit les yeux. Alors le comte, cédant à un irrésistible élan, souleva le martyr dans ses bras et l'embrassa comme un frère tendrement aimé.

Les cosaques regardaient d'un air étonné. Il y avait là quelque chose qui leur liait les bras et la langue. Ils ne pouvaient comprendre que l'homme de Kazmiercz se fût livré lui-même. Ce n'était pas de la pitié qu'ils éprouvaient, non; mais comme une vague terreur. Aucun d'eux n'osait plus ni frapper ni menacer. Ce fut le comte Lukowski qui, le premier, rompit le silence.

« Eh bien! leur dit-il avec un calme méprisant, que vous faut-il maintenant? Est-ce ma vie? Prenez-la. »

Et il s'avança, tête haute, vers le chef des cosaques.

« Vous allez nous suivre à Kazmiercz, lui répondit celui-ci d'une voix mal assurée.

— Et de ce chien-là, dit un cosaque en désignant Boleslas, qui, assis sur la table, regardait le comte avec égarement, qu'allons-nous en faire?

— Jetons-le dans la Vistule, fit un autre, il engraissera les poissons. »

Tous se mirent à rire, et plusieurs s'écrièrent: « Hourra! ce sera un brigand de moins. »

Aussitôt dix bras s'avancèrent pour saisir Boleslas. Ces monstres avaient honte maintenant d'avoir eu peur d'eux-mêmes, et ils voulaient s'en venger sur le pêcheur.

« Non, dit impérieusement le chef, ce seront deux brigands au lieu d'un que nous conduirons au général. »

Et les cosaques galopèrent vers Kazmiercz, deux d'entre eux ayant en croupe Majak et le comte Lukowski solidement attachés à leur selle. Avant de s'éloigner ils avaient mis le feu à la cabane du pêcheur.

« La nuit est noire, avait dit l'un d'eux, il faut éclairer la route. »

Le cosaque est goguenard, il aime à égayer sa cruauté.

VI

Combien de temps Halca resta-t-elle étendue sans mouvement au bord de la Vistule? Elle ne s'en rendit pas compte; mais en ouvrant les yeux, elle vit à quelques pas d'elle un brasier ardent. L'enfant s'en approcha par un mouvement instinctif: elle avait froid. Elle n'avait encore retrouvé ni la pensée ni le souvenir; mais bientôt la chaleur qui fit circuler son sang la rendit à elle-même.

La première image qui s'offrit à son esprit, ce fut son père attaché sur une table, sanglant et gémissant. Était-ce un mauvais rêve? Non! Qui donc avait allumé ce grand feu au bord de l'eau?

Le jour commençait à poindre, les lueurs rouges du crépuscule se mariaient aux teintes dorées des charbons enflammés.

« Mais c'est la cabane! » s'écria la Polonaise. Une horrible pensée s'empara d'elle, et elle se mit à courir avec égarement autour du brasier qu'elle interrogeait d'un œil plein d'épouvante. Son père n'était-il pas là?

Tout à coup, à quelque distance, un objet attira son attention : c'était le bonnet de fourrure que portait habituellement Boleslas. Elle le releva et le couvrit de baisers. Au même endroit, le sol avait été piétiné par plusieurs chevaux. Ces traces se continuaient dans la direction de Kazmiercz. Passant d'un suprême désespoir à une joie délirante, elle s'écria :

« Père! père! tu n'es pas mort! »

Et elle s'élança vers la ville. Les paysans qui voyaient courir sur la route cette enfant échevelée, tenant un couteau dans la main, et qui passait à côté d'eux sans les voir, disaient en la suivant des yeux: « C'est Halca, la fille du pêcheur Majak; les Moskali auront tué son père. » Et ils rentraient tristement dans leurs maisons et en barricadaient la porte.

VII

Le général Yanoff, qui commandait à Kazmiercz un fort détachement russe, était un homme élevé à la bonne école; je veux dire qu'il avait appris à étouffer en lui tout sentiment humain, et à ne reculer devant aucune cruauté pour assurer le triomphe de la sainte Russie. L'éloquence ancienne et moderne pâlissait à ses yeux devant celle du tzar Nicolas disant, en 1831, aux Polonais : « Ce n'est pas pour rien que j'ai construit au-dessus de Varsovie la citadelle d'Alexandre, et je vous préviens qu'au moindre symptôme de soulèvement, je détruirai la ville, je renverserai Varsovie de fond en comble, et je ne permettrai jamais qu'elle soit rebâtie. »

Le général Yanoff, inaccessible à la pitié, sentait son cœur mollir parfois devant une bourse bien garnie; mais comme il n'était pas moins rusé que cruel, il savait heureusement corriger avec son sabre les fautes de sa sensibilité. Il recevait d'une main l'argent qui devait racheter la victime, et de l'autre il portait à celle-ci le coup de la mort. Il travaillait de la sorte à sa propre fortune et au succès de la cause russe; c'était donc tout profit. Il en plaisantait fort spirituellement avec ses intimes, car c'était un homme du meilleur monde que le général Yanoff, titré, couvert de crachats et de décorations, et fort aimé du tzar Alexandre dont il était un des aides de camp.

Trois fois la semaine, au sortir d'un déjeuner copieux et raffiné, où quelques bouteilles de cliquot ou de rœderer l'avaient mis en ébriété, il se rendait à l'état-major pour y présider le conseil de guerre. On amenait devant ce tribunal extraordinaire, investi du droit de vie et de mort, non-seulement les insurgés pris les armes à la main, mais encore les hommes, femmes, vieillards et enfants suspects d'avoir prêté un appui direct ou indirect à l'insurrection nationale. Le code du général Yanoff ne renfermait que deux articles : la mort pour les accusés de la première catégorie; pour ceux de la seconde, la déportation en Sibérie.

L'acquittement lui paraissait inconciliable avec son devoir, et il s'en fût accusé comme d'une faute impardonnable envers l'autorité tzarienne. Les autres membres du tribunal ne siégeaient que pour la forme. Tout accusé était donc coupable, et condamné d'avance par ce juge suprême à être fusillé, pendu ou envoyé aux mines d'Asie.

En apercevant le comte Lukowski que lui amenaient ses cosaques, le général Yanoff fit un signe de satisfaction :

« Ah! ah! dit-il au chef, vous avez pris ce brigand; cela vous vaut une bonne note. »

Puis se tournant vers le comte :

« Vous étiez de la bande que j'ai détruite hier; donc pas un de vous ne m'aura échappé, c'est à merveille! Votre compte va être réglé et sur l'heure: pris les armes à la main.... fusillé! »

L'officier qui faisait fonction de secrétaire se mit à rédiger ce jugement sommaire. Le condamné ne donna aucun signe d'émotion.

« Qu'est-ce que ce coquin-là? demanda le général Yanoff en désignant Majak, qui, le visage pâle et les habits maculés de sang, employait toutes ses forces à rester debout et à regarder son juge en face.

— Je ne suis pas un coquin, dit-il, mais un bon Polonais et un ancien militaire décoré de deux médailles. »

Le haut justicier parut éprouver quelque surprise; il interrogea du regard le chef des cosaques.

« Quant à être un ancien militaire, répondit celui-ci, je n'en sais rien et n'ai pas vu ses médailles; mais un bon Polonais, il l'est assurément, je l'atteste, car après avoir favorisé la fuite du brigand qui est là, il s'est laissé assommer à coups de knout plutôt que de nous mettre sur sa piste. »

Majak devait-il être fusillé, pendu ou seulement déporté en Sibérie? Le cas était douteux, et le général Yanoff daigna réfléchir un moment.

« Bah! dit-il, nous n'en finirions pas avec ces patriotes si nous n'atteignions aussi leurs amis. Participer à la révolte ou la seconder, le crime au fond est le même. D'ailleurs tu ne ferais aux mines qu'un méchant ouvrier. Puisque tu as voulu mourir sous le knout pour ne point trahir ton compagnon, eh bien! partage son sort. »

Il fit un signe au secrétaire, qui écrivit un second arrêt de mort.

« Mais, dit le comte Lukowski d'une voix ferme, cet homme n'est pas coupable; votre maître vous donne-t-il aussi le droit de punir les innocents?

— Je n'ai pas de compte à te rendre, s'écria le général Yanoff en blêmissant; seulement, apprends qu'il n'y a pas d'innocents en Pologne, puisque tous tant que vous êtes, vous conspirez contre votre maître le tzar. Nous verrons bien, ajouta-t-il avec un méchant sourire, lequel sera le plus fort et le plus habile, de vous ou de lui! »

Le comte allait parler encore en faveur de Majak :

« Tais-toi, frère, lui dit le pêcheur; ne t'abaisse pas pour moi jusqu'à supplier ce chien de la horde tartare.

— Qu'on les fusille! »

Et, signant les deux arrêts, le général Yanoff écrasa d'une main furieuse sa plume sur la table.

Halca pénétra dans la salle. Comme une couleuvre, elle s'était glissée entre les soldats. Apercevant Majak :

« Père ! père ! tu vis ! Dieu soit loué ! »

Le général qui se dirigeait vers la porte, se retourna brusquement. Il s'arrêta devant un tableau qui eût attendri un tigre : l'enfant demeurait suspendue au cou du condamné qui ne pouvait la soutenir, ayant les mains liées derrière le dos. Impassible jusqu'alors, Majak laissait maintenant couler de ses yeux des larmes involontaires qui tombaient brûlantes sur le visage d'Halca.

« Qu'on fusille ces chiens de Pologne ! » dit le général en faisant quelques pas vers la porte.

Mais avant qu'il l'eût franchie, l'enfant se couchait à ses pieds.

« Grâce ! grâce ! criait-elle.

— Prenez garde, général, dit un cosaque ; c'est une petite vipère qui mord ; hier elle a failli me percer comme une outre avec son couteau. »

Le général Yanoff se recula comme s'il avait senti le froid de la lame.

« Grâce ! grâce ! » criait toujours Halca en se roulant à terre devant Son Excellence.

L'aide de camp du tzar haussa les épaules et sortit.

Les condamnés furent conduits sur la place Kazmiercz entre deux haies de soldats. Quant à Halca, en proie à une de ces hallucinations qui lui étaient familières, elle demeurait immobile sur le seuil de la porte, les yeux grands ouverts et hagards.

En passant devant elle, Majak lui avait dit : « Ma fille, je te bénis, Dieu te protége! »

Elle ne l'avait pas entendu. Tandis qu'on battait le tambour et que l'officier faisant fonction de greffier lisait la double sentence, Halca, les yeux levés au ciel, paraissait assister à un spectacle enchanteur, car un sourire charmant s'épanouissait sur ses lèvres, et des couleurs roses se répandaient sur ses joues livides.

Au moment où l'officier chargé de l'exécution fit ranger ses hommes devant les condamnés, elle sembla plongée dans le ravissement. Une détonation se fit entendre. Aussitôt Halca entonna d'une voix vibrante l'hymne national :

Dieu sauve la Pologne !

Cependant les deux martyrs étaient tombés sous les balles, et on avait jeté leurs corps sanglants dans une fosse creusée sur le lieu même du supplice. Chose inouïe! du fond de cette fosse, deux voix qui n'avaient plus rien d'humain sortaient, glaçant la foule d'épouvante.

Comme un écho d'outre-tombe, elles répondaient à la voix de l'enfant :

Dieu sauve la Pologne!

VIII

Un beau soleil d'avril avait brillé sur cette scène de mort. Mais vers le soir, d'épais nuages montèrent dans le ciel, et quand vint la nuit, une bise aigre se mit à souffler ; la pluie tomba drue et froide.

Halca était restée à la même place; seulement elle s'était affaissée à terre, et, la tête dans les genoux, les bras ballants, mi-morte, elle se livrait tout entière au désespoir. Maintenant elle savait que son père, fusillé par les Russes, était à cent pas d'elle et pour toujours couché dans sa tombe. Depuis la veille, elle n'avait pas mangé, le vent et l'eau la glaçaient jusqu'aux moelles, tout son corps était agité par des mouvements convulsifs ; mais elle n'avait pas faim et elle ne sentait rien.

Quand la terrible réalité lui apparut et qu'elle se trouva seule au monde parmi les assassins de son père, au milieu des bourreaux de son pays, il se fit un grand vide dans sa tête et dans son cœur, et il lui sembla qu'elle tombait, tombait, tombait toujours dans un gouffre. Ce vertige se dissipa bientôt; alors elle se dit qu'elle allait rester là jusqu'à ce que la mort vînt la prendre. De temps à autre, cependant, sa tête se relevait un peu, son regard se portait vers le lieu du supplice, comme si son père allait lui apparaître; elle tendait l'oreille comme s'il allait lui parler.

Mais elle ne voyait au loin qu'une ombre noire, et le vent ne lui apportait qu'un refrain de caserne.

Il est bien connu que, pour plusieurs exécutions capitales, les soldats reçurent l'ordre de ne viser les condamnés qu'aux jambes. Les victimes tombaient dans une fosse ouverte sur le lieu même du supplice et que l'on comblait aussitôt; elles étaient ainsi enterrées vivantes. Mais il arriva que, pendant la nuit, de bons patriotes vinrent les retirer de là, pour les rappeler à la vie si elles respiraient encore, ou pour les mettre en terre sainte si elles avaient succombé.

Alors les Russes firent garder par des sentinelles les fosses de leurs suppliciés.

C'est en l'an de grâce 1863 qu'ils ont inventé cette persécution d'outre-tombe.

Debout et appuyé sur sa pique, le bras passé dans les rênes de son cheval, le cosaque chantait pour se donner du courage. Lui aussi croyait par moments entendre des voix de l'autre monde et voir sortir de dessous terre les deux Polonais mutilés et sanglants.

Tout à coup, Halca se redressa :

« Ce cosaque qui chante là-bas, je reconnais sa voix, pensa-t-elle. C'est lui que j'ai voulu tuer hier ; c'est lui qui a dit au général que j'étais une vipère. »

Et, tandis qu'elle cherchait le couteau dans son corsage, un sourire étrange glissa sur sa lèvre. Elle regarda autour d'elle. La rue était déserte, toutes les maisons closes, toutes les lumières éteintes ; il n'était pourtant que dix heures du soir, mais la ville dormait, par l'ordre du général Yanoff, du sommeil de l'état de siége. Il n'y avait personne non plus sur l'esplanade que la sentinelle, qui chantait toujours parce qu'elle avait peur. Halca rampa vers elle, le couteau entre les dents. Elle avançait lentement, retenant son souffle, se blessant les genoux et les mains aux pierres, le regard plein de menaces de mort. Soudain, le cheval hennit comme à l'approche d'un danger. Le cosaque interrompit sa chanson et, mettant sa pique en arrêt, il cria à tout hasard :

« Qui vive ? »

L'enfant s'était couchée à plat ventre et demeurait immobile. L'homme marchait à droite, à gauche, en tous sens, cherchant dans la nuit, avec la pointe de sa pique, un ennemi invisible. Halca sentit le froid du fer effleurer son visage.

« A toi ! » cria-t-il, en lui portant un coup qui devait la clouer au sol.

Mais elle l'esquiva, et plus rapide que la foudre, elle bondit sur son ennemi :

« Je suis une vipère, tu l'as dit, et je te mords! »

Le couteau, cette fois, pénétra entier dans la poitrine du cosaque qui tomba en poussant un sourd gémissement.

« Si tous les enfants faisaient comme moi, pensa la Polonaise, il n'y aurait bientôt plus de Moskali pour égorger leurs pères. »

Puis, ramenée ainsi vers celui qu'elle venait de venger, elle se coucha tout de son long à l'endroit où la terre était fraîchement remuée :

« C'est ici qu'Halca veut mourir, dit-elle, près de toi! »

Elle ferma les yeux attendant la mort, tranquille et résignée. Elle était, d'ailleurs, si épuisée d'âme et de corps qu'il lui sembla qu'elle n'aurait pas à l'attendre longtemps.

Mais voilà qu'elle est envahie par une terreur superstitieuse; une sueur froide perle sur ses tempes, ses dents claquent; elle fait le signe de la croix.

« Père, est-ce toi? » dit-elle.

Elle avait entendu comme un écho affaibli de la voix qui, tout à l'heure, avait chanté dans la fosse :

Dieu, sauve la Pologne!

Approchant sa bouche du sol :

« Père, est-ce toi ? » répéta-t-elle.

Et, dans un élan de foi naïve, elle colle son oreille contre terre, convaincue que le supplicié va lui répondre.

Elle n'entend rien d'abord, mais ne veut pas renoncer à cette suprême illusion qui lui rend son père.

Elle écoute encore, et avec tout ce qui lui reste de vie. Alors il lui paraît qu'un soupir étouffé, sortant de dessous terre, pénètre dans son oreille.

Elle se redresse, et de ses mains, de ses pieds, avec rage, elle gratte la terre. En quelques instants elle en est à la moitié de sa tâche : l'enfant a la force d'un géant ! La fosse est presque vidée, mais elle s'arrête, mordue au cœur par un doute poignant. Le soupir qu'elle a entendu, qu'elle entend de nouveau et plus distinctement, est-ce son père qui le pousse ? Si c'était l'autre !

« Non, non ! s'écrie Halca avec le saint enthousiasme de l'amour filial, c'est sa voix que j'entends, c'est son souffle qui m'anime. »

Et elle recommence à gratter la terre avec une sublime frénésie. Bientôt elle touche quelque chose de glacé, et se recule par un brusque mouvement de peur instinctive. L'amour est le plus fort ! de nouveau elle avance sa main, qui rencontre des cheveux, un front, des yeux. Son regard se lève suppliant vers le ciel pour lui demander un peu de lumière : ce ne sont que ténèbres, et pas une étoile ne brille. Inclinée sur la fosse :

« Père, est-ce toi? » répéta-t-elle pour la troisième fois.

Un soupir répondit à ce suprême appel.

« C'est lui, il vit! » s'écria-t-elle, ivre de joie.

Et, rassemblant toutes ses forces, elle assit le supplicié dans sa tombe. Quelques instants s'écoulèrent pendant lesquels la vie le disputa à la mort.

« Oh ! parle-moi, père, parle-moi, disait l'enfant, je suis ta fille Halca, j'ai tué le cosaque et nous allons fuir ensemble. »

Il se fit un silence, puis Majak ouvrit les yeux, car c'était bien lui ; le cœur d'Halca ne l'avait point trompée.

« Où suis-je? demanda-t-il.

— Près de moi ! »

Et elle colla ses lèvres sur celles de son père.

« Mais où sommes-nous tous les deux ? » reprit-il en étendant les mains avec angoisse. Devant lui, à droite et à gauche, partout il sentit la terre glacée. Il se souvint et jeta un cri d'horreur !

« Tais-toi, dit Halca en lui mettant un doigt sur la bouche, les Moskali pourraient t'entendre, et ils te tueraient cette fois.

— Comment te trouves-tu ici, toi, mon Halca toi, mon enfant chérie?

— J'ai gratté la terre après avoir tué la sentinelle avec mon couteau ; tu sais bien le cosaque qui a voulu m'embrasser hier soir. Mais il faut nous éloigner, père : si les Moskali allaient revenir !

— Oui, les monstres te jetteraient peut-être vivante avec moi dans cette fosse. »

Il fit un effort pour dégager ses jambes et poussa un douloureux gémissement.

« Ah ! j'oubliais, dit-il, qu'ils m'ont tiré aux jambes ; je ne pourrais marcher ni me tenir debout. Écoute, fillette, tu vas être bien sage et m'obéir. Fuis, et laisse-moi.... Tu iras au château, tu diras que tu es orpheline, et l'on te donnera asile ; mais avant de partir, embrasse-moi encore une fois. »

Majak prit son enfant dans ses bras et la pressa sur son cœur, comme s'il eût voulu, dans ce baiser suprême, lui donner toute son âme.

« Pars maintenant, dit-il, et marche le plus vite que tu pourras.... Avant de t'éloigner, jette-moi ton couteau.

— Père, dit la Polonaise d'une voix suppliante, est-ce bien toi qui parles ainsi ? Si nous ne pouvons fuir ensemble, laisse-moi mourir près de toi.

— Non, non ! mourir, toi, ma petite Halca, mon trésor, mon unique enfant ! non, non, te dis-je, il faut m'obéir. »

Halca ne l'écoutait plus ; une inspiration lui était

venue; ce fut avec l'accent du triomphe qu'elle s'écria :

« Père, nous nous sauverons ensemble !

— Comment?

— Sur le cheval du cosaque. »

Halca s'était redressée et regardait hors de la fosse.

« Oui, dit-elle, il est toujours là, le bras du cosaque passé dans ses rênes le retient. Il croit sans doute que son maître dort; mais ne crains rien, le cosaque est bien mort ! »

Elle mit dans ces derniers mots une froide et sauvage énergie. Il y avait tout un siècle de haine dans cette bouche d'enfant.

Majak réfléchit un moment.

« Tu as raison, dit-il; si je parviens seulement à me mettre en selle, nous nous sauverons ensemble. »

Et, par un douloureux effort, il dégagea ses jambes percées de trois balles. Puis, portant la main à ses blessures :

« Miracle ! s'écria-t-il, les os ne sont pas atteints! Tu ne seras pas orpheline sur cette terre de malheur. Sors de ta fosse, Halca, tu me tendras tes petits bras. »

Halca ne fit qu'un bond; puis, se penchant :

« Eh bien, père? » dit-elle.

Et ses mains cherchaient, mais vainement, celles du blessé.

« Mon Dieu! murmura Majak, et mon frère! peut-être aussi vit-il encore, et j'allais l'abandonner comme un chien. Mon Dieu! pardonnez-le moi. »

Et à son tour, il gratta la terre avec ses ongles, et écouta anxieusement; mais il n'entendit rien, et lorsque sa main rencontra celle du comte Lukowski, il sentit qu'elle était roide et glacée. Il dégagea la tête et le buste; le cœur ne battait plus, et partout il reconnut le froid de la mort.

« Adieu, frère, » dit Majak en embrassant le cadavre pieusement, et il lui fit au front le signe de la croix.

Halca s'était agenouillée et priait, non pour le patriote qui trônait dans les gloires du paradis, mais pour son père, dont elle demandait le salut au martyr.

. . . .

. . . .

Bientôt un cosaque à cheval et la pique en arrêt partit au galop de l'esplanade. Il passa devant plusieurs sentinelles qui, croyant voir un camarade, ne songèrent pas à lui disputer le passage. Il sortit ainsi de Kazmiercz sans être inquiété. A quelque distance de la ville :

« Fillette, nous sommes sauvés! dit Majak, car c'était lui.

— Oui, père, nous vivrons et nous mourrons ensemble, » répondit Halca, qui, montée en croupe, tenait Boleslas à bras le corps.

Les premières lueurs du jour se montraient à l'horizon; et déjà au loin ils voyaient se dessiner vaguement, dans les brouillards du crépuscule, les hautes cheminées du château qui leur serait un lieu de refuge.

Bien qu'il perdît son sang par trois blessures, et que tout son corps ne fût qu'une plaie, Majak sentit son cœur se rouvrir à l'espérance : il vivait et il avait sa petite Halca près de lui ; tout le reste n'était rien. Bientôt il serait guéri, il irait encore jeter ses filets dans la Vistule, il chanterait encore :

O Wista, tu es chère au cœur polonais!

Tandis que la fillette, accroupie au fond de la barque, regarderait l'eau couler, de son grand œil bleu si doux et si triste. Qui sait même, pensait-il poursuivant son beau rêve, qui sait si Dieu n'aura pas pitié de la Pologne, et si sa main vengeresse n'exterminera pas les Moskali.

Quant à l'enfant, l'âme inondée d'une céleste joie :

« Béni sois-tu dans le ciel, ô saint martyr, s'écria-t-elle, tu as exaucé ma prière. Halca ne sera séparée de son père ni dans cette vie ni dans l'autre! »

Soudain des coups de feu partent des deux bords

de la route : le père et la fille, percés de plusieurs balles, tombent foudroyés.

Les éclaireurs d'un détachement d'insurgés, trompés par la pique, le bonnet et la veste du cosaque, avaient cru tirer sur un ennemi.

Ainsi, comme Halca le sentait, le père et l'enfant étaient destinés à vivre et à mourir ensemble; ils ne devaient être séparés ni dans ce monde ni dans l'autre.

LES BOUCLES D'OREILLES

LES BOUCLES D'OREILLES.

I

A la nuit tombante, le juif Thadée prenait le frais sur le pas de sa porte. Le corps enveloppé dans une longue robe doublée en peau de renard, la tête couverte d'un bonnet fourré qui lui descendait jusqu'au bas des oreilles, l'enfant de Moïse bravait le rhume et le catarrhe. Ces précautions n'étaient pas superflues, car on était à la fin d'avril, et, à cette époque de l'année, les soirées sont très-froides encore dans la Livonie polonaise.

C'était un fort digne homme que le juif Thadée, cabaretier du petit village de Dubniaki, où il débitait l'eau-de-vie du gouvernement. Il y vivait depuis quelque trente ans avec sa femme, la vieille Sora. Bien qu'il aimât l'argent par-dessus toute chose, et qu'il ne fût jamais de plus belle humeur que le dimanche, quand les copeks des buveurs passaient de leur poche dans la sienne, il ne souffrait pas de gens ivres dans son cabaret, et il mettait ses meilleures pratiques à la porte dès qu'elles commençaient à divaguer ou à vaciller sur leurs jambes. Cela lui avait acquis l'estime de toutes les femmes du village, qui lui savaient gré d'être moins souvent battues que celles du village voisin. Il jouissait aussi de la considération des hommes; il leur faisait pourtant rarement crédit; mais lorsque l'ispravnik venait toucher l'impôt, l'agent moscovite regardait le juif de travers, et l'on se disait à l'oreille : l'homme du gouvernement suspecte Thadée de patriotisme. C'était là un grand mérite dans un pays où le Russe est détesté. Enfin, il était bon musicien; il jouait du tympanon mieux que personne. Et c'était fête pour tout le monde quand parfois, par une belle soirée d'été, le juif Thadée, cédant aux instances des jeunes filles, chantait des polonaises, des hymnes patriotiques ou des chansons d'amour. Il n'avait que très-rarement de ces moments d'expansion, car ce fils d'Israël était la prudence même. Mais dans ces moments-là, il s'opérait chez lui une sorte de transfiguration. Le démon de la musique s'emparait de tout son être; son œil, habituellement terne et caché sous l'arcade sourcilière, s'allumait et petillait d'enthousiasme. Son âme, ignorée du vulgaire, courait frémissante sur les cordes du tympanon, que ses baguettes frappaient avec une précision et une vélocité merveilleuses. Alors, quand d'une voix mélodieuse encore, il disait quelque chanson d'amour, la vieille Sora, la fidèle compagne de toute sa vie, pleurait assise au comptoir.

Elle se rappelait sans doute ces beaux jours, à jamais disparus et à jamais regrettés, où Thadée, le seul homme qu'elle eût regardé, lui disait cette chanson-là et bien d'autres. Ou bien encore, le juif entonnait un chant héroïque : il y était parlé de gloire et de patrie. Ses yeux semblaient jeter des flammes, l'instrument devenait comme un champ de bataille d'où s'élevaient, mêlés au roulement du tambour, au grondement du canon, les plaintes des vaincus, les hourras des vainqueurs.

Parfois, lorsqu'il s'oubliait tout à fait, il jouait et chantait, avec une âme d'artiste et de patriote, l'hymne triomphal des Polonais rebelles, la marche de Dombrowski. Et l'auditoire transporté le répétait en chœur avec lui; mais la vieille Sora lui disait :

« Assez, assez, mon pauvre homme, tu risques ta tête; si le Moskal t'entendait! »

Mais dans ces heures-là, Thadée oubliait tout, jusqu'à sa femme, et jusqu'à son argent! Et il continuait de chanter et de frapper les cordes, tant qu'il avait du souffle et que l'excès de la fatigue ne lui faisait point tomber les baguettes des mains.

Les paysans disaient à leurs femmes, en rentrant à la maison :

« C'est un fameux musicien et un grand patriote que le juif Thadée. Je gagerais, moi, quoiqu'il ne l'avoue pas, qu'il s'est battu contre le Moskal en 1830. »

Et ce qui donnait quelque vraisemblance à cette supposition, c'est qu'au-dessus du lit de Thadée et de Sora était suspendu un grand sabre que le cabaretier entretenait toujours propre et luisant. Il semblait en faire cas comme d'une relique.

Tandis qu'il humait le frais sur le pas de sa porte, les mains croisées sur le ventre et cachées dans les larges manches de sa robe, son attention fut tout à coup attirée par le son d'une cloche qui tintait au loin.

« Sora, dit-il à sa femme occupée à ravauder des bas près d'une lampe fumeuse, Sora, viens donc écouter ici : n'est-ce pas le glas des agonisants catholiques? »

La vieille juive retira de son nez une paire d'énormes lunettes, et vint d'un pas traînant se placer à côté de son mari. Elle tendit l'oreille. La cloche continuait de tinter tristement.

« Oui, dit Sora, tu as raison, mon pauvre homme; on sonne le glas pour la vieille comtesse à la chapelle du château

— Ah! chère et digne comtesse! reprit le juif d'une voix dolente. Nous ne la verrons donc plus que morte!

— Ne vas-tu pas pleurer cette chrétienne, fit Sora, en femme éternellement jalouse et en bonne juive qu'elle était.

— Tu oublies, lui répliqua son mari sévèrement, tu oublies qu'elle nous a fait du bien; et que j'ai servi, en 1830, sous les ordres du comte Dubniaki, son mari. Elle n'était pas fière avec nous, ni avec personne, la vieille comtesse. Quand elle passait devant notre porte, elle s'arrêtait presque chaque fois pour me demander : Comment vas-tu, Thadée? Pour toi, quand la fièvre te tenait, elle avait toujours quelque friandise : du sucre, des citrons, du vin de France.

— C'est vrai, c'est vrai, mon pauvre homme, répondit Sora, et ses yeux devinrent humides.

— Quelques roubles nous manquaient-ils pour nous acquitter envers le fisc, nous étions sûrs de les trouver au fond de son escarcelle.

— Oui, elle était bonne et charitable, reprit la juive avec un soupir. Ah! c'est grand dommage qu'elle meure dans l'hérésie! »

S'étant rassise, elle se remit à travailler, car, depuis soixante ans, ses mains n'étaient jamais restées une heure inoccupées.

Thadée, lui, arpentait son cabaret à grands pas.

De temps à autre, il allait écouter près de la porte si la cloche tintait encore.

« Du moins, disait-il, elle ne mourra pas sous les coups des brigands que le gouvernement a mis en campagne. Quant à sa fille, la jeune comtesse, son gendre, le comte Alexis, et leurs enfants, je ne répondrais pas d'un cheveu de leurs têtes.

— Oh! pour ceux-là, dit la juive durement, ils sont fiers comme des seigneurs et des catholiques qu'ils sont, et nous méprisent, toi, moi, et tout le pauvre monde. Je ne les plaindrais pas, s'il leur arrivait malheur.

— Tais-toi, méchante femme! » exclama le juif avec colère.

Et s'approchant de Sora :

« Tu ne sais pas, lui dit-il à voix basse, que le Moskal veut soulever les paysans contre leurs seigneurs; et que, ne pouvant venir à bout des patriotes, il lance contre eux cette meute de chiens enragés, ces sectaires russes, ces Vieux-Croyants, ces Raskolniks qui sont venus, il y a longtemps, demander à la Pologne un refuge contre les persécutions du tzar. Les voilà qui courent le pays livonien, pillant châteaux et fermes, égorgeant nobles et paysans, brûlant, dévastant tout, faisant le désert sur leur passage. Ils traînent derrière eux leurs femmes et leurs enfants, comme un troupeau de bêtes de somme; et quand ils les ont chargés de butin, ils les renvoient à leur colonie de Dunabourg. Wyszki, Dubna, Abelmeyza, Ostaszewo, Willanow, Ludwiampol, vingt autres châteaux et autant de villages sont devenus leur proie.

— Dieu de Jacob, murmura la juive, ayez pitié de nous!

— A Dunabourg, continua Thadée, le général Schouloff, commissaire du tzar, a bu à la santé des pillards, bien qu'il fût envoyé, disait-on, pour arrêter ce fléau dévastateur. Et à Wasilowo, où plusieurs bandes de brigands s'étaient rassemblées, il leur a dit : « Mes enfants, vous êtes autorisés à « fouiller les maisons pour y trouver les armes qu'on « y cache, à lier et à livrer tout individu, quel que « soit son rang, son âge ou son sexe, que vous soup- « çonneriez d'avoir des rapports avec les insurgés. »

— Ainsi, fit Sora consternée, voilà donc les assassins et les incendiaires chargés de la police du pays ?

— Oui, répondit le juif, tu as compris.»

La vieille femme se leva brusquement.

« Mon pauvre homme, dit-elle effrayée, je vais aller enterrer bien vite ton grand sabre.

— Non, répondit Thadée, cache-le dans la paillasse du lit; il se rouillerait dans la terre humide.»

La juive sortit de la salle commune. Un paysan y entrait; il pouvait avoir vingt-cinq ans, il était grand, bien fait et de bonne mine. Son visage et ses mains bien lavées, son linge blanc, ses habits sans taches et sans déchirures, témoignaient d'un soin particulier de sa personne. Ses vêtements étaient faits des étoffes les plus grossières ; cependant, quelques broderies et la boucle d'argent qui ornait son chapeau à larges bords disaient clairement que ce jeune homme, si humble que fût sa condition, visait à l'élégance. Sa physionomie peu intelligente, mais douce, portait le signe d'une vive et douloureuse préoccupation. Il alla s'asseoir, sans souffler mot, sur le banc qui courait, à l'intérieur du cabaret, tout le long de la muraille.

« Il paraît, Michel, lui dit Thadée, que tu as encore tes idées noires. Tu entres dans la maison comme un chien-loup. Est-ce que Marysia t'a mal accueilli aujourd'hui? »

Michel, étendu sur le banc, la tête tournée du côté du mur, laissa parler le juif sans lui répondre.

« Tiens, continua Thadée en lui présentant un gobelet plein d'eau-de-vie, bois un coup, cela te donnera du cœur.

— Je ne bois pas, fit Michel en repoussant le verre.

— Tu es donc malade, ce soir ? demanda le juif étonné; d'ordinaire, tu ne boudes pas contre ton ventre. »

Pourquoi Michel ne voulait-il pas boire, lui qui, comme la plupart de ses semblables, était si enclin à l'ivrognerie ?

Depuis quelques temps il nourrissait du meilleur sang de son cœur le démon de l'orgueil et de l'envie. Infime paysan attaché à la glèbe, il se révoltait contre sa destinée. Dans un voyage qu'il fit à Dunabourg où il avait été conduire la récolte du domaine, il vit des hommes et des femmes superbement vêtus se promener par les rues. Il y a donc, pensa-t-il, beaucoup de gens qui jouissent de tout sans rien faire, tandis que moi qui travaille depuis que je suis au monde, je ne jouis de rien ?

Il avait bien vu déjà que les maîtres du château avaient les mains blanches et le teint reposé. Il savait que pour eux, tous les jours de la semaine étaient des dimanches. Mais avant qu'il fût sorti de son village, cela ne l'avait ni frappé ni froissé comme depuis qu'il avait vu à Dunabourg tant de gens magnifiquement parés et se délectant dans la joie et le bien-être. Pourquoi, lui aussi, n'avait-il pas de beaux habits et pourquoi ne jouissait-il pas de la vie? Cette pensée d'orgueil et d'envie s'était attachée à son cerveau comme le ver rongeur à la racine de l'arbre: elle le suivait partout. Lui si gai et si courageux à l'ouvrage, il devint taciturne et fainéant; lui si sobre et si rangé, il se mit à boire et à dépenser son argent en colifichets pour sa fiancée et pour lui-même.

Michel aimait Marysia, une jeune et jolie paysanne, pauvre comme lui, et il en était aimé. Le père de celle-ci, simple homme de peine, voyant que l'amoureux de sa fille avait le bras solide, qu'il bêchait la terre d'un cœur vaillant, et qu'en toute circonstance il se comportait en bon sujet, lui avait dit :

« Tôpe-là ! mon garçon ; nous ferons la noce dès que tu auras cinquante roubles dans ta tirelire. Je t'en donnerai autant, et avec cela vous vous mettrez joliment en ménage ; car je ne veux pas, moi, que Marysia souffre du froid ni qu'elle dorme sur des cailloux. »

L'affaire fut réglée ainsi parce que Michel était orphelin de père et de mère ; mais au train dont allaient maintenant les choses, il n'y avait pas grande apparence que le futur pût jamais réunir les cinquante roubles de sa dot : il travaillait peu, buvait beaucoup, et dès qu'il gagnait quelque argent, il le dépensait, comme je l'ai dit, en bagatelles. Or, c'était un point, pourtant, sur lequel le père de Marysia se montrait intraitable.

« Pas de mariage sans ta dot, » répondait-il invariablement à Michel, quand celui-ci le pressait de lui accorder sa fille.

Bien qu'elle aimât son prétendu de tout son cœur, Marysia, aussi sensée que jolie, ne blâmait point en cela son père. C'était une fraîche fille de dix-huit ans, aux grands yeux gris, humides et doux comme des caresses. Ses belles joues roses appelaient le baiser. Elle avait donné toute son âme dans un regard, et l'amour l'avait encore embellie. Mais depuis que Michel était devenu paresseux et taciturne, depuis qu'on le voyait plus souvent au cabaret qu'à l'ouvrage, le vif incarnat de Marysia s'en allait avec son bonheur. Elle si rieuse naguère, c'est à peine si elle trouvait un sourire pour répondre au bonjour de son fiancé. Son père, justement alarmé au sujet de Michel, entendait souvent la pauvre enfant sangloter dans son lit, au milieu de la nuit, lorsque le sommeil le fuyait lui-même. Plusieurs fois, en voyant entrer chez lui Michel, le teint enflammé et les yeux dilatés, il lui avait dit :

« Mon garçon, le chemin du cabaret ne mène pas à la mairie. Prends garde : l'eau-de-vie est une dangereuse amante ; épouse-la si tu veux, mais n'oublie pas qu'un homme ne peut avoir deux femmes. »

Et, comme Michel allait alors s'asseoir dans un coin, sans rien dire :

« Tu m'entends bien, n'est-ce pas ? » ajoutait le père de Marysia.

La jeune fille prenait la défense du coupable.

« Oh ! bon père, ne le gronde pas pour cette fois, disait-elle, Michel m'aime tant qu'il n'aura jamais d'autre amante ni d'autre femme que moi. »

Mais bientôt, s'apercevant que ces avertissements ne servaient à rien, et que le jeune homme ne se corrigeait pas, le vieux paysan l'accueillit avec un froid regard et un silence plus accablant que tous les reproches. Michel de plus en plus inquiet et tourmenté, car son mal paraissait devenir de plus en plus incurable, Michel n'avait pas l'air de voir que le vieillard mettait ses mains dans ses poches pour ne pas lui serrer les siennes, et qu'il sortait de la maison, laissant les deux jeunes gens embarrassés et tristes l'un vis-à-vis de l'autre.

« Hélas! disait Marysia, hélas! qu'est-ce qui a donc pu te changer ainsi? Quand tu étais un bon travailleur, je te voyais toujours heureux et prêt à rire. Mon cœur bondissait de joie lorsque je t'entendais venir en chantant. Tu bois à présent; ton regard si doux et si tendre devient dur et méchant. Tu laisses pencher ta tête et tomber tes bras comme un homme sans courage. Il me semble par moments, à te voir si sombre et si farouche, que tu nourris la pensée d'un crime. Mon Dieu! mon Dieu! qu'est-ce qui a donc pu te changer ainsi? »

En voyant Marysia pleurer à chaudes larmes et se tordre les maine de désespoir, Michel, profondément touché, essayait de la consoler.

« Ne pleure pas, chère, lui disait-il. Tu sais bien que je t'aime plus que tout au monde. J'ai parfois un peu de chagrin, et je bois un coup pour m'en distraire; mais cela passera. Dès qu'on nous aura mariés ensemble, je retrouverai le courage et la bonne humeur. »

Et il tirait de sa poche quelque ruban ou quelque autre futilité, ajoutant :

« Accepte ce petit cadeau, je l'ai acheté pour toi. Pare-t-en, fais-toi belle, je veux te voir la mieux mise des filles d'ici. Quand je pense que ces dames du château sont entièrement vêtues de soie, et qu'elles ont de l'or au cou, aux bras et aux oreilles, tant qu'elles en veulent, oh! alors.... mais ne songeons pas à ceux qui ont tout, quand nous autres nous n'avons rien. Seulement, chère, sois bien certaine que je t'apporterai des boucles d'oreilles. »

Marysia résistait difficilement à de pareils arguments : femme, elle aimait la parure ; amante, elle trouvait que Michel raisonnait admirablement. Cependant elle lui répondait avec douceur :

« Mon pauvre Michel, si tu m'achètes des présents, tu n'épargneras jamais la somme nécessaire ; si tu bois encore au lieu de travailler, mon père, loin de vouloir nous unir, ne consentira plus bientôt à te recevoir.

— Il romprait notre mariage ?

— Je le crains.

— Et que ferais-tu, toi ?

— Moi, je ne désobéirai jamais à mon père.

— Ah! tu ne m'aimes pas ! s'écriait Michel, les lèvres blêmes, le visage contracté ; non, tu ne m'aimes pas ! »

A l'emportement du jeune homme, la jeune fille répondait par des larmes.

« Mon Dieu ! mon Dieu, murmurait-elle, il dit que je ne l'aime pas ! »

Ces tristes scènes, en se renouvelant, empoisonnaient leur existence; ainsi, pour tous deux, s'étaient changées en amertume les joies si enivrantes du premier amour.

Ce soir-là, Marysia venait d'annoncer à Michel que son père lui donnait quinze jours pour changer entièrement de conduite ; et que la première fois qu'il se présenterait avec de l'eau-de-vie aux lèvres, la porte de la maison se fermerait devant lui. Alors amour, mariage, bonheur, tout serait anéanti pour jamais.

« C'est bien ! s'était écrié le jeune homme avec un geste terrible ; on les aura, les cinquante roubles! »

En quittant sa fiancée, Michel, livré à son mauvais génie, se dirigea d'un pas fiévreux vers le cabaret du juif Thadée.

« Sais-tu si la vieille comtesse est morte? lui demanda celui-ci. Je n'entends plus tinter la cloche.

— Tant mieux, si elle est morte ! répondit Michel brusquement, il y aura ainsi une injustice de moins sur la terre.

— Quel air me chantes-tu là ? fit le cabaretier étonné.

— Peux-tu m'apprendre, toi, continua le jeune paysan, pourquoi les hommes, qui sont égaux devant Dieu à ce qu'on nous dit, ne le sont pas aussi devant la misère? »

Comme il disait cela, plusieurs hommes étrangers au village entraient dans le cabaret. Un d'eux lui répondit :

« Mon garçon, les choses se passent ainsi parce que les seigneurs sont des misérables, et leurs paysans des imbéciles.

— Holà! fit Thadée sévèrement, il n'y a point de place ni d'eau-de-vie dans mon cabaret pour les gens de votre paroisse. Faites-moi donc le plaisir de vous en retourner d'où vous venez.

— Hé! l'ami, répliqua l'homme qui avait déjà parlé, sers-nous à boire, et vite; c'est un conseil de bon chrétien que je te donne. »

Et entr'ouvrant sa houppelande grise, il laissa voir au juif un couteau et des pistolets passés dans sa ceinture. Thadée leva les bras vers le ciel, et alla tirer de l'eau-de-vie au tonneau.

Pendant ce temps, des paysans de Dubniaki vinrent prendre place sur le banc, en dévisageant les étrangers avec méfiance. Le juif remplit un grand gobelet où chacun but à la ronde. Les gens du village n'osèrent pas refuser de faire, selon l'usage, honneur aux inconnus. Michel n'eut pas plutôt effleuré le gobelet de ses lèvres, qu'il cria :

« A moi, Thadée, à moi; de l'eau-de-vie! j'en veux boire à plein verre! »

La réponse de l'étranger l'avait fait pâlir et rougir tour à tour; et maintenant il paraissait vouloir chercher dans l'ivresse un refuge contre lui-même.

« J'ai dit que les nobles étaient des misérables, reprit le même qui avait déjà parlé deux fois, et ce qui le prouve bien, c'est qu'ils se révoltent contre le tzar, parce que le tzar veut donner aux paysans la liberté avec la terre; oui, c'est pour cela qu'ils se révoltent, et non pour autre chose. Ils ne veulent pas qu'on vous donne la terre, et que vous deveniez les maîtres à leur place. Qui donc engraisserait leur paresse? Où prendraient-ils l'argent monnayé avec votre sueur et qui défraye leur luxe? »

Il se fit un silence; Michel et les autres paysans de Dubniaki se rangèrent autour de l'orateur.

« Holà! juif, cria-t-il à Thadée, remplis nos gobelets. C'est moi qui régale et qui paye », ajouta-t-il avec un sourire ironique.

Quand l'eau-de-vie fut versée :

« Moi, reprit-il, j'étais un pauvre serf de Viazma, dans le gouvernement de Smolensk (Russie), et maintenant, j'ai de l'argent plein mes poches. »

Il fit résonner le métal aux oreilles de son auditoire émerveillé. Le juif Thadée lui-même, en dépit de sa peur, se rapprocha du cercle. L'ancien paysan de Viazma continua :

« Nous faisions six jours de corvée au lieu de trois[1] ; mais vous n'êtes sans doute pas surpris que monseigneur modifiât un peu le règlement au gré de son intérêt ou de son caprice ?

— Non, non, firent plusieurs paysans ; et Michel cria plus haut que les autres.

— En été, tous les hommes étaient au travail depuis trois heures du matin jusqu'à neuf heures du soir; les femmes et les enfants, envoyés dans les bois pour ramasser des champignons et des mousses, à l'usage de monseigneur et de sa noble famille. Chaque *Tiaglo* (couple) était obligé de donner neuf œufs par poule, un agneau par brebis mère, trois pourceaux par truie, monseigneur étant très-friand de petits cochons de lait rôtis à la broche.

— Ah ! ah ! fit l'auditoire en éclatant de rire. Mais Michel ne riait pas. Ses yeux fixes, ses lèvres crispées exprimaient la haine. Ses doigts pressaient furieusement son gobelet.

— Chaque couple, reprit l'orateur, était tenu, en outre, de fournir au château un essaim d'abeilles ou son produit de miel ; une poule, un canard, une dinde, une oie grasse ; cinq écheveaux de lin filé, trois de chanvre, un essuie-main de belle apparence et doux au toucher, pour les doigts mignons de Mme la comtesse ; puis deux hectolitres de seigle,

1. Le règlement exige trois jours de corvée par semaine.

un d'avoine, un d'orge, un poud (36 kilogrammes) de foin, quatre de paille.

— Ma foi, observa un paysan, vous aviez là un maître qu'on ne vous eût point envié. Les nôtres sont moins exigeants, Dieu merci!

— En sommes-nous moins misérables! s'écria Michel. Moi qui vous parle, ne me faudra-t-il pas renoncer à Marysia, faute de pouvoir me procurer cinquante roubles!

— C'est pourtant bien facile, dit l'étranger, et tout à l'heure je vous donnerai ma recette. Mais vous êtes loin de savoir ce que monseigneur exigeait de nous : par dix couples un veau, par quarante couples une génisse, par cent vingt couples un bœuf.

— A la bonne heure! ajouta un autre étranger en ricanant. Monseigneur n'avait pas besoin d'apprendre de ce juif comment on tond un œuf.

— Ce n'est pas tout, reprit le premier. Chaque couple, tous les ans, devait couper, nettoyer, planter, entretenir une toise carrée de bois.

— Hourra! cria un troisième étranger. Monseigneur était un esprit soigneux et un homme d'ordre.

— Ce n'est pas tout, continua l'orateur. Nous étions tenus de fournir chevaux, chariots et bras, tout ce que nous avions et tout ce que nous n'avions pas, sans parler d'autres obligations qui font saigner le cœur.

— Lesquelles? demanda brusquement Michel.

— Ah! ce serait trop long à raconter; seulement chaque année, au printemps, un perruquier allemand passait à Viazma, et il emportait de belles chevelures brunes et blondes que pleuraient les jeunes filles en se promenant le dimanche aux bras de leurs fiancés.

— Oh! moi, dit Michel en devenant très-pâle, j'aurais tué le perruquier, Monseigneur et Mme la comtesse, avant qu'on eût touché à un seul cheveu de Marysia.

— Voilà qui est parler, fit l'orateur; mais notre père, le tzar, a mis ordre à tout cela, et il ne tient qu'à vous aujourd'hui de vous affranchir de toutes vos obligations et de posséder la terre. »

Une vive surprise se peignit sur les visages.

« Est-ce le tzar, dit le juif indigné, qui t'a chargé de leur apprendre cela? »

La seule réponse que reçut Thadée fut un violent coup de poing, qui l'envoya rouler à l'autre bout de la salle.

« Ma bonne femme, dit-il tout bas à la vieille Sora, accourue au bruit de sa chute, tire mon sabre de la paillasse, et place-le derrière ce bahut, à portée de ma main.

— Ah! mon pauvre homme, gémit la juive effrayée, que veux-tu donc faire? Ne va pas, au moins, te battre avec eux; ils seraient dix contre toi!

— Fais ce que je te dis, » reprit Thadée dont les yeux brillaient de colère.

Sora se tut et sortit; elle avait coutume d'obéir.

Pendant ce temps, l'orateur avait tiré de sa poche un imprimé, et il le faisait passer sous les yeux des paysans. Il y était dit « que les terres des rebelles, ou de ceux qui les favoriseraient de quelque manière, seraient remises aux paysans. » Les auditeurs n'en pouvaient croire leurs yeux ni leurs oreilles. Michel surtout regardait et écoutait avidement. L'agent moscovite, les yeux attachés sur l'imprimé, leur parla ainsi :

« Le gouvernement vous confie le soin de contenir la noblesse turbulente. Il vous charge d'arrêter, sans aucun égard pour le rang et la fortune, tous ceux qui se montreront coupables ou que vous soupçonnerez d'avoir des relations avec les rebelles. Voilà ce que le tzar attend de vous, et, pour vous récompenser, il vous accorde non-seulement la liberté, mais encore les terres des rebelles. Or, tous les nobles sont des rebelles; donc vous pouvez piller leurs châteaux; vous pouvez et vous devez les arrêter eux-mêmes, et les tuer s'ils vous opposent la moindre résistance. Et maintenant, fils de la sainte Russie, rendez grâces à votre maître suprême; buvez avec moi à la santé du tzar! »

Il leva son gobelet et toucha celui de Michel, pâle comme la mort et tremblant de tous ses membres.

« Hourra ! pour le tzar, crièrent les étrangers.

— Hourra ! pour le tzar, » répéta Michel.

Les gens de Dubniaki se turent.

« Seriez-vous donc aussi des rebelles ? » dit l'agent moscovite avec un geste menaçant. Les paysans virent ses armes et celles de ses compagnons.

« Hourra ! pour le tzar, » dirent-ils effrayés, en portant les gobelets à leurs lèvres ; puis tous se précipitant vers la porte, ils en répandirent le contenu à terre.

« Au château ! » crièrent les étrangers en prenant leurs pistolets et leurs couteaux à leur ceinture.

Le juif Thadée assistait comme pétrifié à cette scène ; mais, en voyant Michel parmi ces bandits :

« Misérable ! lui dit-il, ne reparais jamais sous mon toit ; car, aussi vrai qu'il est un Dieu dans le ciel, je te tuerais comme un chien russe. »

Un coup de feu retentit, et une balle siffla aux oreilles de Thadée.

« Dieu de Jacob ! exclama Sora en accourant, ils ont tué mon pauvre homme !

— Pas encore, fit le juif en lui serrant affectueusement la main.

— Tu ne perdras rien pour attendre, vieux coquin ! » cria de loin le chef de la bande.

II

La Livonie est un pays pittoresque, fort civilisé dans les parages avoisinant le golfe auquel elle a donné son nom. Au nord de Riga commence qu'on appelle la Suisse livonienne, contrée délicieuse que parent mille ruisseaux, lacs, vallées et collines magnifiquement boisées, métairies, maisons de plaisance, au milieu desquels gisent, comme pour achever la beauté du paysage, les ruines imposantes des châteaux teutoniques; celles, entre autres, du château du Grand-Maître à Wenden, et le Dom à Dorpat, cette Athènes des provinces baltiques, la plus jolie ville, la plus coquette, la plus joyeuse et la plus frondeuse de toute la Russie contemporaine. A Dorpat, on ose rire de tout, et même de l'autocrate! Nicolas Ier voulut mettre à la raison ces gens irrévérencieux qui n'avaient pas plus peur de lui que du diable. Il leur donna pour gouverneur un général de cavalerie, Herr von Soldafon, qui tenta de les soumettre à la discipline cosaque;

mais, quelque mal qu'il leur fît, il ne put jamais corriger leur bonne humeur.

En descendant vers le sud, on trouve une civilisation moins avancée, en harmonie avec une contrée plus sauvage; et, en approchant des frontières de la Courlande et de la Lithuanie, on rencontre la Zapasnaïa Dvina, la Dvina occidentale, beau fleuve connu par ses cataractes et par ses bancs de Dunamund. Suivons ses rives en remontant vers sa source, passons devant Dunabourg qu'il baigne, et bientôt, au bord de l'eau, nous verrons se dresser la masse imposante d'un donjon féodal, flanqué de tours et de tourelles : c'est Dubniaki.

Par quel miracle ce riche domaine avait-il échappé à l'œil perçant du fisc moscovite après la guerre de 1830? C'est ce que nul ne saurait dire. Il devait être confisqué comme le furent les biens de tous les patriotes morts, exilés, ou ayant pris une part quelconque à l'insurrection nationale. Et même, qu'il y eût ou non rébellion contre le tzar, c'était assez que le domaine appartînt à un Polonais, car, alors comme aujourd'hui, le fisc faisait main basse sur tout ce qui lui semblait bon à prendre.

Or, le comte Dubniaki était au nombre des plus grands coupables, puisqu'il mourut pour sa patrie sur le champ de bataille. La comtesse, sa veuve, continua pourtant d'habiter paisiblement le domaine patrimonial. Elle y éleva et y maria sa fille unique. Maintenant, ayant fidèlement gardé la mémoire de son glorieux époux et nourri ses petits-enfants dans l'amour de la Pologne, dans l'exécration du Moskal, elle s'éteignait doucement au milieu des siens, bénie par les gens de Dubniaki, qui l'appelaient la bonne comtesse ou la vieille comtesse, pour exprimer leur reconnaissance ou leur vénération. Tous l'aimaient, quoiqu'elle eût l'aspect imposant et sévère.

Grande, maigre, aux traits nobles mais durs, quand elle traversait le village, majestueuse comme une reine, elle inspirait à première vue plus de crainte que de respect. Les petits enfants, en la voyant de loin, se cachaient dans les jupes de leurs mères ; mais dès qu'elle vous apercevait, son sourire angélique, ses yeux bleus et doux comme le ciel, éloignaient aussitôt la crainte et lui gagnaient les cœurs. Cette grande dame, à la mine si hautaine, entrait dans les plus pauvres chaumières, où elle allait consoler, secourir et guérir.

Il n'y avait pas d'autre médecin qu'elle à Dubniaki. Un homme était-il pris de fièvre maligne : « Va me chercher la bonne comtesse, » disait-il à sa femme. Un enfant gagnait-il la rougeole ou le croup, la mère courait éperdue au château. Un vieillard, à bout de forces, se sentait-il près de sa fin : « Allez demander à la vieille comtesse, disait-il à ses petits-enfants, qu'elle vienne me consoler. »

Un grand laquais galonné suivait sa maîtresse à vingt pas. Selon la saison, il tenait dans l'une de ses mains, le manteau fourré, le parapluie ou l'ombrelle ; mais de l'autre, il portait une corbeille toute remplie de cordiaux et de médicaments. Elle-même ne sortait jamais qu'après avoir bien garni ses poches de copecks pour les infirmes, de dragées pour les petits enfants.

Lorsqu'on apprit sa maladie, tous les cœurs en furent attristés. « Si la bonne comtesse meurt, disait-on, qui la remplacera ? La jeune comtesse n'est pas méchante, mais elle ne vaut pas la vieille ! »

Ce soir-là, quand la cloche sonna le glas des mourants, ce fut une consternation dans le village. « Allons, c'en est fait d'elle, disaient les femmes en pleurant, Dieu la rappelle à lui. » Elles allumaient le cierge bénit devant les saintes images, et se mettaient en prières. Beaucoup de paysans se rendaient à l'appel de la cloche et venaient s'agenouiller dans la chapelle du château dont les portes restaient grandes ouvertes.

Dans la salle gothique, où avaient dormi toutes les châtelaines de Dubniaki, la vieille comtesse agonisait. Au-dessus de sa tête était suspendu un Christ, à sa droite, le portrait du comte, et plus bas, une panoplie avec les armes du patriote. De chaque côté du lit, abîmés dans la douleur, se tenaient debout ou à genoux, la fille, le gendre et les petits enfants de la mourante. Un peu plus loin, les serviteurs agenouillés récitaient, avec le chapelain, les prières de la dernière heure. Quelques cierges, allumés sur un autel improvisé, jetaient leurs flammes, comme des larmes d'or, dans la vaste obscurité de cette salle aux sombres lambris.

Depuis plus d'une heure, elle avait dit l'adieu suprême à tous ceux qu'elle aimait sur la terre. A sa fille et aux filles de celle-ci, elle avait recommandé ses malades qui lui étaient si chers, et ses pauvres qui ne vivaient que de ses bienfaits. A son gendre et à ses petits-fils, elle avait parlé le fier langage de la mère polonaise, qui se résume en ces quatre mots : Tout pour la patrie!

Elle avait remercié ses serviteurs pour leurs bons et fidèles services, et leur avait distribué à tous des souvenirs. Enfin, levant les yeux au ciel, elle s'était écriée : « O mon Dieu ! reçois-moi dans ton sein. »

Ce furent ses dernières paroles. Son regard devint terne, et le froid de la mort s'empara de ses pieds et de ses mains. Un léger souffle qui s'éteignait peu à peu, la retenait sur le seuil de la vie. L'âme de la vieille comtesse semblait avoir quitté son enveloppe mortelle, car une auguste sérénité se répandait sur son beau visage.

Tout à coup, un grand tumulte troubla le silence de cette agonie. On entendit un cri déchirant. La porte s'ouvrit avec fracas et une jeune servante vint tomber sur le parquet. Un double filet de sang coulait de ses oreilles.

Plusieurs hommes, le couteau ou le pistolet au poing, se précipitèrent dans la salle.

On continuait les prières.

Alors tous ceux qui étaient là virent une chose extraordinaire : la mourante, j'allais dire la morte, rouvrit ses yeux qu'une main pieuse avait déjà fermés. Elle regarda devant elle; et apercevant les brigands, frappés de stupeur, elle étendit vers eux sa main glacée. Puis, comme animée d'une force surnaturelle, elle se mit sans effort sur son séant. Ses lèvres et ses paupières s'agitèrent, sa poitrine se souleva, et enveloppant tous ses ennemis dans un regard terrible :

« Maudits! maudits! » s'écria-t-elle d'une voix qui n'avait rien d'humain.

Les brigands demeuraient pétrifiés. Michel n'était point parmi eux. Plus pâle que la vieille comtesse, il se tenait immobile près de la porte dont il n'avait pas osé franchir le seuil.

« O mon Dieu! dit la ressuscitée, sois béni ! Tu m'as rendu la force avec la vie pour sauver ma famille et frapper ces infâmes. »

Et, s'enveloppant dans son drap mortuaire, elle saisit une épée, s'élance l'arme haute sur les bandits, blesse l'un d'eux et fait fuir les autres, saisis d'une terreur superstitieuse.

Loin que cet effort l'eût épuisée, elle parut y avoir trouvé une force nouvelle.

« A moi, mes enfants! cria-t-elle, armez-vous! barricadez les portes! La mort n'est plus ici : Dieu veut que je vive encore pour vous défendre. »

Et, comme tous criaient : miracle!

« Oui, miracle! dit-elle; mais la Pologne, ensevelie vivante depuis un siècle, ne se relève-t-elle pas, elle aussi, de son tombeau? »

Les compagnons de Michel fuyaient épouvantés du côté du village, poursuivis par les serviteurs et les paysans. Pendant ce temps, que faisait-il, lui, le malheureux? Comme un insensé, il courait à travers champs et buissons vers la maison de sa fiancée. La chaumière avait deux entrées, l'une ouvrant sur la rue du village, l'autre sur un petit jardin légumier. Il franchit la haie de l'enclos, et heurta à la porte de derrière.

« Qui frappe? demanda Marysia.

— Moi, fit-il d'une voix sourde.

— Pourquoi viens-tu à pareille heure, et pardessus la haie de l'enclos, comme un malfaiteur?

— Ouvre donc! » fut la réponse.

Michel se précipita dans la cabane en tournant la tête.

« Est-ce qu'on te poursuit? demanda-t-elle effrayée.

— Non, dit-il, mais ferme la porte, j'ai froid. »

Elle lui prit les mains pour les réchauffer dans les siennes. Il grelottait comme en plein hiver. Elle le regarda.

Il était livide, et autour de ses yeux injectés de sang et brillants de fièvre, il y avait de grands cercles noirs.

« Michel, lui dit-elle en pâlissant, quel malheur m'apportes-tu ? »

Il éclata de rire ; mais son rire était sinistre.

« Un malheur ! allons donc ! chère, je t'apporte les cinquante roubles, et nous pourrons nous marier à présent. Ah ! ah ! nous allons être bien heureux ! »

Marysia le regardait avec stupeur. Il jeta l'argent sur la table.

« Tiens, reprit-il en alignant les pièces d'une main convulsive, ils y sont ! Cinquante au juste, pas un de plus, pas un de moins ! J'aurais pu t'en apporter bien davantage. Il ne fallait qu'en prendre. Mais je suis un honnête garçon, moi ! Ah ! ah ! tu vois, cinquante au juste.

— Michel, Michel, s'écria la jeune fille en se tordant les mains de désespoir, tu as volé cet argent !

— Volé ! allons donc ! exclama le coupable d'une voix stridente ; est-ce qu'il y a des voleurs dans un pays où les uns ont tout, et les autres rien !

— Au nom du ciel ! dit Marysia suppliante, rapporte cet argent où tu l'as pris ; et je te pardonnerai ton crime, car c'est ton amour pour moi qui te l'a fait commettre ! »

Michel voulut l'interrompre.

« Oh ! ne dis rien, continua-t-elle, laisse-moi croire que tu n'es pas un misérable, et que le démon qui t'a conseillé aujourd'hui ne possède pas toute ton âme. Mais va, dépêche-toi de restituer cela. »

Et elle désigna l'argent du doigt en détournant la tête.

« Je n'en dirai rien à mon père, qui est allé au château prier pour l'âme de la vieille comtesse.

— Rendre les cinquante roubles, jamais ! s'écria Michel avec un geste furieux. Je te répète qu'ils sont à moi, à nous, et que nous allons nous marier. Et tu seras richement parée le jour de tes noces, je t'en réponds. Tiens ! dit-il en essayant de sourire, mais il devint encore plus pâle et sa voix trembla ; tiens ! je t'avais promis des boucles d'oreilles, les voici ! »

Il tendit à sa fiancée les anneaux d'or de la jeune servante. Marysia y porta les yeux, et reculant d'horreur :

« Du sang ! du sang ! » cria-t-elle.

Michel jeta brusquement le bijou, comme s'il eût senti un fer rouge. Puis il resta immobile, les yeux fixes, les lèvres tremblantes, les bras tombants.

« Voleur et assassin ! Oui, ton visage et ton attitude t'accusent. Voleur et assassin! répéta-t-elle avec une angoisse indicible. Toi que mon cœur avait choisi et que j'aimais, te croyant le plus honnête et le meilleur! Ai-je donc mérité de souffrir ainsi, moi qui n'ai jamais fait de mal à personne!

— Ah! chère, dit le malheureux, si je suis coupable, songe que je ne le suis devenu que par amour pour toi.

— Non, reprit Marysia, comme si l'âme de son amant s'était dévoilée devant elle, non ce n'est pas l'amour qui t'a perdu, c'est l'orgueil, c'est l'envie! Mais qu'importe, ajouta-t-elle, puisque tout est fini entre nous....

— Que dis-tu là? s'écria Michel en bondissant vers la jeune fille.

— Je dis que je n'épouserai jamais un misérable comme toi! »

Et elle s'éloigna de lui.

« Ne répète pas cela! fit Michel avec menace.

— Je ne serai jamais ta femme, dit Marysia, jamais! jamais! jamais!

— Ah! gémit-il en s'enfonçant les ongles dans la chair, tu ne m'aimes donc plus.... après ce que j'ai fait pour toi!

— Non, répondit la jeune fille, je ne t'aime plus, car je ne saurais aimer un infâme.

— Eh bien! dit Michel, les yeux hagards, tu ne seras la femme d'aucun autre! »

Et saisissant un couteau, il s'élança vers elle.

« Au secours ! cria Marysia, fuyant devant l'arme; mais tout à coup, s'arrêtant et se tournant vers son amant :

— Frappe, lui dit-elle, il n'est plus de bonheur pour moi, et ce me sera une joie de mourir de ta main ! »

Son père entra dans la chaumière. Il vit Michel le couteau à la main, et Marysia qui s'offrait à ses coups.

« Arrière, brigand ! » dit-il en levant sur le jeune homme la faux dont il était armé.

Michel ne recula pas; mais il laissa tomber le couteau.

« Sais-tu ce qu'il a fait, reprit le vieux paysan en s'approchant de sa fille; il a conduit au château une bande de scélérats, il a volé l'argent qui est là, sur la table, il a arraché à Kasia ses boucles d'oreilles.... Il est venu te les offrir à toi ! Hors d'ici, traître ! maudit ! Il n'y a plus de place pour toi à mon foyer. Fuis, quitte le village, car les autres ne t'épargneraient pas comme moi, et tu ne pourrais te montrer demain sans qu'on te fît justice ! »

Michel restait à la même place, la tête penchée sur sa poitrine.

« Sors ! lui cria le paysan, sors, ou je ne réponds plus de moi.

— Tuez-moi! » fit le coupable, s'offrant en victime résignée à la colère du vieillard.

Marysia écarta la faux prête à frapper, et prenant doucement Michel par la main, elle le conduisit vers la porte.

« Adieu! » dit-elle au jeune homme qui se laissait mener comme un enfant; et elle tomba mourante entre les bras de son père.

Le malheureux se dirigea machinalement vers l'extrémité du village. Où allait-il? Que voulait-il? Il n'en savait rien. Il lui semblait entendre au fond de lui-même le ricanement d'un démon.

« Ah! ah! Michel, lui murmurait une voix dans les ténèbres, te voilà riche à présent, et Marysia a des boucles d'oreilles. Ce seront de belles noces vraiment que les tiennes! »

Puis une autre voix, celle de sa conscience, lui disait :

« Tu as trahi ton pays, tu as volé, tu as du sang aux mains; il n'y a plus de paix pour toi sur la terre. »

Et alors il voyait la vieille comtesse étendre vers lui son doigt menaçant. D'autres images non moins terribles assiégeaient son esprit. Il se revoyait levant le couteau sur Marysia qu'il aimait tant. Infâme! lui criait-elle, je ne serai jamais ta femme! Jamais!... jamais!... jamais!... Et cet anathème le livrait à tous les supplices de l'enfer. Ou bien encore il lui semblait que mille faux se levaient pour le frapper à la fois. Il s'élançait au-devant de la mort et ne faisait que trébucher dans le vide. Chose étrange! lui qui ne craignait pas de mourir, il tressaillait au moindre bruit et se mettait à courir, croyant entendre derrière lui les paysans lancés à la poursuite des Russes. Mais les brigands avaient tous disparu, et les gens de Dubniaki étaient paisiblement rentrés dans leurs chaumières.

A l'extrémité du village, Michel vit une lumière et alla de ce côté. Il ne savait où il était ni ce qu'il faisait, mais il voulait absolument échapper à cet horrible cauchemar. Une sueur froide lui coulait le long des tempes, et il avait peine à se tenir debout, lorsque ses mains brûlantes rencontrèrent une porte ; elles cherchèrent fiévreusement à l'ouvrir.

« Qui va là? fit une voix à l'intérieur.

— C'est moi, Michel; ouvrez! ouvrez!

— Toi, brigand! tu n'as donc pas même eu le courage de fuir avec tes amis! Va boire à la santé du tzar dans leur honnête compagnie.

— Ouvrez! ouvrez! répéta Michel, j'ai peur!

— Ah! tu as peur.... T'ont-ils renié déjà comme tu as renié tes frères? Misérable! suis ton chemin, il n'y a plus d'asile ici pour toi. N'ai-je pas juré de te tuer comme un chien moscovite si tu passais encore le seuil de ma maison? »

Mais cédant à un vertige d'épouvante, Michel se mit à enfoncer la porte à grands coups de pieds et de poings. Thadée saisit la poignée de son sabre. La serrure vola en éclats. Michel, les cheveux hérissés, le visage livide, apparut sur le seuil.

« N'avance pas, fit le juif, ou tu es mort! »

Et, l'arme tendue, il se dirigea vers la porte.

Ces menaces n'arrêtèrent pas Michel qui s'élança dans le cabaret. Le fer l'atteignit en pleine poitrine et le perça d'outre en outre.

« Merci, Thadée, fit-il; voilà ce qu'il fallait à un malheureux tel que moi. »

Et il tomba mort dans la rue.

« Hélas! dit la vieille Sora, je crois que tu l'as tué, mon pauvre homme.

— Il s'est enferré lui-même; et c'est, au reste, ce qui pouvait lui arriver de plus heureux. »

Au point du jour, une jeune fille sanglotait près du cadavre de Michel: c'était Marysia. Seule de tout le village, elle accompagna le traître jusqu'au cimetière; mais, rentrée chez elle, elle jeta au feu, en les arrosant de toutes ses larmes, les rubans et autres bagatelles que Michel lui avait donnés.

Le magistrat commença une instruction qui causait à Sora de mortelles inquiétudes.

« C'est égal, disait-elle à son mari, si on t'emmène,

je te suivrai, entends-tu bien; oui, jusqu'au gibet, car voilà tout à l'heure cinquante ans que je t'aime et que je m'appuie sur ton cœur. Je ne saurais te survivre un seul jour. »

Le juif cependant avait de fâcheux pressentiments, et son œil ne quittait point la grande route. Le troisième jour, Thadée vit briller au loin les baïonnettes russes ; en arrière, se mouvait une masse noire : les Raskolniks, hommes, femmes et enfants.

« C'est le moment de fuir, dit Thadée à Sora; prends ce que tu as de plus précieux; moi, j'emporte l'argent. »

La juive ramassait tout ce qu'elle trouvait sous sa main.

« Viens, viens, répétait Thadée, ils approchent! »

Encore ceci, encore cela. La vieille Sora n'en finissait pas de réunir des hardes et de les empiler en tas.

« Comment veux-tu emporter tout ça! » dit le juif en voyant la charge d'une mule.

Et il entraînait sa femme, qui poussait des cris plaintifs en se retournant à chaque pas vers ce qu'elle abandonnait. Mais déjà il était trop tard. Comme ils franchissaient leur porte, un coup de feu retentit, et le juif tomba les deux mains en avant pour ne plus se relever.

« Je te l'avais bien dit, vieux coquin, fit une voix, que tu ne perdrais rien pour attendre !

— Ah! mon Dieu, cette fois ils t'ont tué, mon pauvre homme! » s'écria la vieille Sora, et elle tomba sur le cadavre de son mari.

LES VERGES

LES VERGES.

I

« Te souvient-il, Julian, dit Otylia à son fiancé, du plaisir que, tout enfants, nous éprouvions à nous égarer ensemble dans la forêt? Et quand un loup ou un sanglier passait devant nous, rapide comme une flèche, effrayée, je me pressais contre toi. Alors déjà, je sentais aux battements de mon cœur que je t'aimais pour la vie.

— O ma bien-aimée ! lui répondit le jeune homme, si tu pouvais regarder dans mon âme, tu y verrais ton image gravée depuis le jour où le comte Ladislas, mon père, me conduisit à Nowy-Dwor. »

Les fiancés renouvelèrent leurs doux aveux dans un regard d'ineffable tendresse; puis ils se turent, rendus muets par l'excès même du bonheur. Les chevaux qu'ils montaient, deux magnifiques bêtes lithuaniennes, à la croupe puissante, aux jambes fines et aux jarrets d'acier, continuèrent de marcher sous les grands arbres de la forêt d'Ilia.

Le soleil répandait des flots d'or sur la nature en fête. Sous ses ardentes caresses, les feuilles, les fleurs et les papillons naissaient à la fois. Les oiseaux et les insectes chantaient un hymne d'amour qui résonnait comme une harmonie divine dans le cœur des deux amants. Leurs mains se cherchèrent et s'unirent ; et ravis en extase, ils oublièrent tout : famille, patrie, et la terre, et le ciel, en cette heure qui ne revient jamais et qu'on regrette toujours.

Tout à coup, leurs chevaux s'arrêtèrent et les jeunes gens, se réveillant comme en sursaut, virent un homme de mauvaise mine, couché en travers de la route. C'était un Raskolnik (Vieux Croyant). Sa barbe et ses cheveux incultes, ses yeux hébétés, sanguinolents, son visage et ses mains sordides, sa tunique en lambeaux, n'annonçaient pas un honnête ouvrier, mais plutôt un vagabond et un ivrogne.

Il était tombé là sans doute à la suite de quelques libations trop copieuses chez le débitant, qui, en Pologne comme en Russie, empoisonne la population avec l'eau-de-vie du gouvernement.

Le misérable poussa une plainte rauque et tendit la main pour demander l'aumône. Otylia lui jeta une pièce d'argent et lança son cheval au galop. Lorsque Julian l'eut rejointe :

« Tu vas me trouver bien enfant, lui dit-elle, mais ce mendiant m'a fait peur. Il m'est apparu comme le démon dans mon paradis.

— Il m'a fait aussi, dit Julian, une impression pénible; on prétend que les Russes veulent ameuter ces misérables contre nous. »

On était alors aux premiers jours de mai 1863; et on allait, en effet, bientôt apprendre les horribles scènes de pillage et de meurtre dont les Raskolniks, ces fanatiques moscovites, devaient être les héros en Livonie et en Lithuanie, à l'instigation des popes et autres agents russes.

Ayant tourné la tête, la jeune comtesse vit l'homme à qui elle venait de faire l'aumône lever le poing vers elle et la suivre d'un regard menaçant.

Otylia pâlit.

« Mon bien-aimé, dit-elle, retournons à Nowy-Dwor.

— Déjà! objecta le comte Julian qui voulait savourer plus longuement les délices de cette promenade enchantée, la promenade de la veille des noces, car leur mariage devait être célébré le lendemain.

— Ne me gronde pas, reprit la jeune fille, si je suis un peu superstitieuse; il me semble avoir rencontré une vipère dans un buisson de fleurs.

— Retournons au château, puisque tu le désires; ne suis-je pas toujours heureux où je suis près de toi ? »

A Nowy-Dwor qu'ils avaient quitté depuis deux heures à peine, les jeunes gens reçurent un accueil qui effaça jusqu'au souvenir de la fâcheuse rencontre. Au haut de l'escalier d'honneur, le père et la mère d'Otylia attendaient les fiancés, entourés de parents et d'amis auxquels le maître du château offrait cette hospitalité à la fois simple et large qui est traditionnelle sur la terre lithuanienne, comme dans tout le pays polonais.

Les serviteurs, la plupart nés sur le domaine, se tenaient un peu en arrière. Seigneurs et domestiques avaient les mains pleines de fleurs. De jeunes villageoises, chargées aussi de couronnes et de bouquets, formaient un groupe charmant au bas de l'escalier.

Dès que Julian et Otylia parurent à la grille, de joyeux hourras leur souhaitèrent la bienvenue. Arrivés aux marches du perron, ils disparurent l'un et l'autre sous une pluie odorante; les lilas, les aubépines et les mille petites fleurs de la prairie et de la forêt tombaient sur eux et autour d'eux.

C'est ainsi fêtés qu'ils montèrent le vieil escalier de pierre, rougissants et charmants, tout embellis par l'amour qui enflammait leurs âmes, qui rayonnait dans leurs yeux, et qui s'épanouissait jusque sous leurs pieds; car les fleurs ne naissent-elles pas au printemps des premiers baisers que le soleil donne à la terre? Quand ils furent aux dernières marches, on les embrassa, on les félicita. On se les disputait. O pures et saintes joies du chaste amour que couronne et bénit la famille, quels trônes vous valent! quelle gloire pourrait vous remplacer!

Jamais Otylia ne fut si belle. Son père et sa mère la contemplaient, ravis, les larmes aux yeux; Julian joignait les mains devant elle, comme devant Notre-Dame d'Ostrabrama, patronne de la Lithuanie.

Qui pourrait dire ce que la jeune fille, bénie par ses parents, la main de son fiancé dans la sienne, fêtée par les meilleurs amis et par les vieux serviteurs de la maison, environnée de sourires et de fleurs, qui pourrait dire ce qu'elle sentait dans son cœur d'adorations et de bénédictions? Otylia avait dix-huit ans; ce n'était pas ce qu'on appelle vulgairement une beauté régulière, mais la mignonne enveloppe d'une âme charmante.

Blonde, blanche et rose, les yeux légèrement voilés, les lèvres souriantes, la main d'une reine et le pied d'un enfant! Ses moindres gestes étaient empreints d'une grâce incomparable : la chasteté et la passion qui s'ignorent et n'ont pas à se combattre. Elle avait l'œil un peu distrait de celles qui regardent beaucoup en elles-mêmes. La bienveillance rayonnait sur son front. La bonté émanait d'elle, comme du soleil émane la chaleur qui réchauffe et vivifie. Un vif incarnat colorait ses joues à la moindre émotion et disait qu'un sang rapide et chaud courait dans ses veines.

Enfant unique et adorée, élevée avec des soins excessifs, entourée de caresses incessantes, elle était devenue d'une sensibilité presque maladive, à laquelle, par un singulier contraste, s'alliait une fermeté virile. Au reste, elle en recevait un charme de plus, et on ne pouvait la voir ni l'entendre sans un vague et doux attendrissement. Elle était de ces femmes qu'on n'oublie pas lorsqu'on les a connues, et qu'on aime éternellement lorsqu'on les aime.

Le comte Julian, son fiancé, était digne d'elle. Jeune, beau et brave, capable de tous les sacrifices et de tous les dévouements, il avait donné son premier et dernier amour à celle qui le lendemain allait devenir sa femme et sa compagne pour la vie.

Lorsqu'on eut répandu sur les fiancés toutes les couronnes et toutes les fleurs, et que l'expansion de la joie fut complète, le père d'Otylia la prit par la main pour la conduire dans la salle à manger, où une longue table était dressée. Julian venait ensuite avec la vieille comtesse; les parents et les autres invités les suivaient formés en cortége.

Au moment où les convives entraient dans la salle, un cri rauque se fit entendre près de la grille du château. Otylia se retourna en frissonnant; elle revit le Raskolnik qui la regardait de son œil stupide et farouche.

« Qu'as-tu donc, ma chère âme? lui demanda Julian.

— Rien, » répondit-elle avec un sourire enchanteur.

On se mit à table, mais avant de commencer le repas, le chapelain, suivant les vieux usages, récita le *Benedicite*, que tous les convives répétèrent avec recueillement.

On mangea et on but largement.

Assis en face de sa fiancée, Julian ne se lassait pas de la regarder, et, ses yeux constamment dirigés vers elle, exprimaient une admiration toujours nouvelle.

Elle lui souriait tendrement, et cherchait parfois d'un air de reproche que démentait son sourire adorable, à le rendre plus attentif à ses deux voisines, dont l'une était la mère d'Otylia et l'autre sa tante. Mais l'heureux jeune homme avait beau faire, il retombait dans sa douce contemplation.

Au dessert, avant de boire aux fiancés et à leurs parents, le chapelain porta un toast à la patrie, à la Pologne de 1772.

Après avoir rappelé les attentats commis sur la nation, le prêtre pria pour les champions de la sainte cause; puis il s'écria :

« Vidons cette coupe en l'honneur de ceux qui

sont morts, de ceux qui meurent et de ceux qui mourront pour la Pologne; car, en s'offrant en sacrifice pour la patrie, ils sont des héros sur cette terre et des martyrs dans le ciel! »

Ce toast provoqua de longs transports d'enthousiasme. Lorsque le calme fut un peu rétabli, le comte Julian se leva :

« Otylia, dit-il, tu sais si tu m'es chère! tu sais que pour toi je donnerais mes deux mains, mes deux yeux, et jusqu'à la dernière goutte de mon sang; mais je jure sur l'amour inaltérable que je t'ai voué, et sur le salut de mon âme immortelle, je jure de m'arracher de tes bras pour courir au combat, dès le premier appel que le gouvernement national fera aux patriotes de la Lithuanie! Et me maudisse Dieu si je manque à mon serment! »

Otylia se leva à son tour, et d'une voix étrangement douce et énergique à la fois :

« Je t'appartiens, Julian, dit-elle; mais ne crains pas que mon amour te rende jamais lâche ni parjure. Loin de te retenir, il t'exciterait plutôt au dévouement, dût-il aller jusqu'à la mort. Tant que les Russes fouleront le sol lithuanien ou polonais, les droits de l'épouse ne viendront qu'après ceux de la patrie, et c'est le devoir des femmes d'envoyer leurs fils, leurs frères et leurs maris au combat. »

Un grand silence se fit; tous les cœurs battaient à l'unisson, tous les esprits évoquaient la même vision rayonnante : la grande Pologne indépendante et libre !

Les yeux d'Otylia s'étant machinalement portés vers une des fenêtres de la salle, elle vit le Raskolnik dont le regard, toujours le même, la dévorait. Elle poussa un léger cri et tomba plutôt qu'elle ne s'assit sur sa chaise.

« Ma bien-aimée, au nom du ciel! qu'as-tu donc? lui demanda Julian.

— Je suis un peu émue, » répondit la jeune fille dont les lèvres s'étaient décolorées.

Elle regarda de nouveau avec un vague effroi du côté de la fenêtre, mais le Raskolnik avait disparu. Comment était-il parvenu jusque-là? C'est qu'à Nowy-Dwor on avait coutume de ne repousser personne, et pendant ces fêtes nuptiales surtout, gens du pays et étrangers étaient les bienvenus.

Après qu'on eut bu aux fiancés, aux parents et aux amis, le chef de la famille porta le toast traditionnel : « Aimons-nous ! »

En ce moment, un homme pénétra dans la salle du festin. Il avait les cheveux coupés ras sur le front, mais longs par derrière et retombant sur les épaules. Il portait la tunique grise, le pantalon large et les bottes en cuir brun du paysan letton. Mais dans ses yeux brillait un feu sombre et ses traits étaient empreints d'une énergie toute militaire.

« Le comte Julian? demanda-t-il.

— C'est moi ! » dit le fiancé d'Otylia en se levant.

L'homme lui tendit un pli cacheté et scellé. Le cachet portait : « Gouvernement national. » Sur le sceau, il y avait l'aigle polonais, le cavalier lithuanien et l'archange saint Michel, réunis dans le même écusson avec la couronne royale des Jagellons, et l'exergue : « Gouvernement national » en haut; « Liberté, égalité, indépendance » en bas.

Le comte Julian ouvrit le pli et lut à haute voix :

« Vu le manifeste et l'ukase du tzar de Russie, en date du 31 mai (12 avril) 1863, dans lesquels le tzar promet de faire grâce aux Polonais combattant pour l'indépendance de la patrie, s'ils déposent les armes avant le 13 mai de l'année courante;

« Considérant que des milliers de Polonais *qui n'ont pas pris les armes* sont journellement emprisonnés dans les citadelles, déportés en Sibérie ou enrégimentés dans l'armée du Caucase;

« Considérant que les troupes russes massacrent les *personnes inoffensives;* que par conséquent, en déposant les armes, on ne ferait qu'augmenter le nombre des victimes;

« Considérant que la guerre avec l'envahisseur moscovite n'a pas été engagée dans le but d'obtenir certaines concessions du tzar, mais dans le but unique de reconquérir l'indépendance de toute la Pologne, dans les frontières qu'elle avait avant les partages;

« En réponse au manifeste et à l'ukase du tzar, le comité directeur des provinces lithuaniennes et ruthéniennes publie ce qui suit :

« *La lutte nationale durera sur tous les points de la Lithuanie et de la Ruthénie tant qu'on n'aura pas expulsé le dernier soldat moscovite, ou tant que battra un cœur généreux.* »

« Vilna, 3 mai 1863. »

Un autre papier accompagnait ce décret.

Le fiancé d'Otylia le parcourut des yeux, et, en pâlissant un peu, il le remit par-dessus la table à la jeune fille, qui lut :

« Le comité directeur des provinces de Lithuanie invite le comte Julian*** à rejoindre aujourd'hui même le corps du commandant Narbutt. Il n'aura qu'à suivre le porteur de ce pli. »

Tous les convives s'étaient levés, et tous, oppressés par la même émotion, ils attendaient la réponse de Julian et de sa fiancée. Leurs regards allaient de l'un à l'autre, et il se fit pendant quelque temps un silence solennel. Otylia, devenue plus blanche que sa robe nuptiale, cherchait à dompter la douleur poignante qui la mordait au cœur. Ses lèvres tremblaient, le mouvement de sa poitrine était précipité, elle faisait de vains efforts pour retrouver la parole. Devant cette séparation si inattendue, si brusque et qui menaçait d'être éternelle, l'amante luttait en elle avec la patriote, et momentanément remportait la victoire. Enfin un sourire angélique illumina sa pâleur.

« Julian, mon bien-aimé, mon époux, dit-elle d'une voix sereine, il faut suivre cet homme. Va, pars à l'instant, puisque la patrie a besoin de ton bras ! »

Et comme sa mère et la plupart des convives fondaient en larmes ;

« Ne pleurons pas, ajouta-t-elle avec un accent de suprême résignation ; pourrons-nous goûter une joie pure, un bonheur sans mélange, tant que nous porterons au cou, aux mains et aux pieds les chaînes de l'esclavage ? »

Et s'exaltant alors ;

« Non, s'écria-t-elle, ne pleurons pas ! Ton sort, quoi qu'il t'arrive, ô mon Julian, sera glorieux et enviable. Et pourquoi donc verserais-je des larmes indignes de nous deux ? Ne suis-je pas ta femme devant Dieu ? Vivant ou mort, ne suis-je pas à toi dans ce monde et dans l'autre ? Ne sommes-nous pas unis pour l'éternité ? »

Julian courut à elle et la reçut sur son cœur, quand, brisée par de si violentes secousses, elle sentait ses genoux se dérober sous elle. Après le baiser des adieux où se confondirent leurs belles âmes, Julian s'éloigna. Tous les convives l'accompagnèrent jusqu'à la grille, en chantant l'hymne national : *Dieu sauve la Pologne!*

Parmi les hourras qui accueillaient le patriote sur son passage, Otylia crut reconnaître le cri guttural et sauvage du Raskolnik. Il frappa son oreille comme le sifflement d'un serpent. Au bas de l'escalier, elle aperçut le misérable accroupi. Son regard oblique et méchant se tenait ardemment attaché sur elle.

« Julian ! s'écria-t-elle d'une voix déchirante, Julian ! je ne te verrai plus ! »

Et Otylia perdit connaissance entre les bras de sa mère.

. . . .

Narbutt, qui devait acquérir en quelques mois une réputation presque légendaire, donna le signal de l'insurrection en Lithuanie dès le 8 février, quinze jours après qu'elle eut éclaté dans le royaume de Pologne. A la tête de sept vaillants, il arbora le drapeau national, sous lequel vinrent se ranger plusieurs centaines de patriotes. Sa troupe reçut le baptême du feu au combat de Rudniki : ce fut une victoire sur les Russes.

Depuis lors, durant trois mois, il ne laissa ni trêve ni repos à ses ennemis, qui le prenaient pour le diable. Ses propres soldats le considéraient comme sorcier. Il avait un art merveilleux pour entraîner les Russes sur sa piste et les attirer au fond des marais et des forêts les plus impraticables. Et lorsque ses ennemis pensaient le surprendre, c'était lui, au contraire, qui tombait sur eux à l'improviste et les décimait. Puis il disparaissait comme par miracle, laissant les survivants frappés d'une terreur superstitieuse.

Le jour de Pâques, la tête du héros fut mise à prix ; les forces militaires de Vilna et de Kowno furent lancées à sa poursuite. Le comité directeur des provinces lithuaniennes répondit à cette mesure par un appel aux armes. Ordre était donné à tous les bons patriotes de se joindre à Narbutt.

Le comte Julian et son guide marchèrent pendant toute la nuit. Au point du jour, ils atteignirent le camp établi au bord de l'Ilia ; ils avaient été suivis. Après l'évanouissement d'Otylia, celui qui l'avait causé se mit sur leurs traces. Il était toujours ivre ; mais si ses jambes chancelaient, un projet diabolique se formait dans sa tête. Sa démarche d'ivrogne le servit contre Julian et son guide dont elle écarta les soupçons. Le Raskolnik, sans éveiller aucune inquiétude, atteignit derrière eux les grands bois, où ils s'enfoncèrent après avoir suivi la route pendant une heure. De temps à autre, le misérable se frottait les mains d'un air satisfait, en disant de cette voix gutturale qui avait tant effrayé Otylia :

« Narbutt ! Narbutt ! à moi les roubles de notre père le tzar. »

Et il continuait sa poursuite. S'il perdait de vue un instant ceux qu'il espionnait, il s'élançait en avant comme un forcené, à travers les buissons et les ronces ; il se déchirait aux épines. Mais rien ne l'arrêtait tant qu'il n'avait pas retrouvé la trace des deux hommes. Un ciel sans nuage et la lune dans son plein le favorisaient.

A cent pas du camp, une sentinelle cria :

« Qui vive !

— Narbutt et patrie ! » répondit l'homme du gouvernement national, et il passa outre, suivi du comte Julian.

Le Raskolnik s'arrêta. Saisissant une gourde pleine d'eau-de-vie qui pendait à son côté, il la vida à longs traits, en répétant :

« Narbutt, à moi ! à moi les roubles du tzar, notre père ! » Et il tomba sur le sol ivre mort.

Trois jours après, le colonel Timoficew, déguisé en pêcheur et conduit par l'espion qui voulait gagner la prime promise, vint étudier l'emplacement du camp désigné comme lieu de réunion aux nouveaux volontaires. Ceux-ci y arrivaient à travers la forêt, le plus grand nombre conduits par des émissaires du gouvernement national.

Le 13 mai, les Russes, venus la nuit de différents côtés, cernèrent les patriotes, et, à la pointe du jour, l'attaque commença. Pendant plusieurs heures, les insurgés soutinrent une lutte héroïque, où ils combattaient un contre dix. Voici ce que raconte un témoin oculaire[1] :

« Investi à l'improviste de tous côtés, Narbutt réussit cependant à se frayer un chemin à travers les Russes. Quoique blessé au pied, il commandait avec énergie, porté par ses compagnons d'armes; il allait échapper à l'ennemi, grâce à son intrépidité et à sa connaissance des lieux, quand une balle vint le frapper au cœur. Il expira en prononçant ces mots d'une voix encore ferme : « Je meurs pour ma patrie. »

« Quelques jours après, dans la petite église en bois de Dubiezany, il y avait douze cercueils rangés; l'un d'eux, plus élevé que les autres, était couvert d'un crêpe funèbre. Le colonel russe, en permettant ces obsèques, parut céder aux supplications des sœurs de l'infortuné chef; mais il voulut plutôt bien convaincre les habitants du pays de la mort de son redoutable adversaire, afin de les décourager. L'église et les alentours étaient remplis d'une foule éplorée que cinq prêtres ne réussissaient pas à consoler. C'était un deuil universel. »

Sur le champ de bataille, on avait vu des femmes en deuil ensevelir les morts et panser les blessés, et parmi elles les deux sœurs de Narbutt. Comme la plus jeune ne put retenir ses larmes en découvrant le corps inanimé de son frère :

1. Éphémérides polonaises.

« N'as-tu pas honte, lui dit l'aînée, de pleurer devant des Russes ? »

Un officier moscovite qui vit une femme vêtue de noir et entièrement voilée penchée sur un cadavre, lui dit :

« C'est aussi votre frère, sans doute ?

— Tous ceux qui combattent pour la Pologne sont mes frères, » répondit-elle.

Mais elle ajouta avec un geste et un accent qui eussent touché le bourreau lui-même :

« Celui-ci était mon fiancé ! »

La femme agenouillée était Otylia et le mort le comte Julian.

Le Raskolnik se promenait par là, toujours ivre et toujours sordide, bien qu'il se fût paré d'habits neufs comme pour aller à une fête.

II

Tandis que dans le royaume les Russes s'efforçaient de vaincre l'insurrection par tous les moyens que le droit des gens tolère ou condamne, dans les provinces annexées au contraire, en Lithuanie, Podolie, Volhynie et Ukraine, ils poursuivaient un autre but : la destruction complète de l'élément polonais. Mais pour cette grande œuvre, il fallait un homme d'élite. On le chercha, et on le trouva en la personne de Son Excellence M.... II.

C'est un type extraordinaire que ce vieillard de soixant-dix ans qui, déjà un pied dans la tombe et resté obscur jusqu'alors, ambitionne et conquiert tout d'un coup la renommée des monstres les plus féroces qui aient épouvanté l'humanité. A un âge où l'homme, épuisé d'âme et de corps, ne vit plus guère que par le souvenir, et s'éloigne instinctivement des luttes de la vie pour revenir aux innocents plaisirs de l'enfance, il déploie, lui, sous les yeux de l'Europe stupéfaite, les énergies et les raffinements par lesquels, à l'époque de leur âge viril, les Néron et les Caligula se sont illustrés dans le crime.

M.... II avait un frère que Nicolas Ier fit pendre, et qu'on appela depuis lors « M.... le pendu. » Le gouverneur général de Vilna, rappelant ce souvenir de famille, a dit jovialement :

« Je ne suis pas des M.... qu'on pend, mais de ceux qui pendent les autres. »

Aussi l'appela-t-on, sans qu'il en prît ombrage, « le M.... qui pend. » C'est là son titre de noblesse, et l'histoire le lui imprimera sur le front, lorsqu'elle clouera au pilori ce gentilhomme de la potence.

En arrivant, le 26 mai, dans la première ville de son gouvernement, à Swienciany, Son Excellence y rencontra un convoi d'insurgés tombés aux mains des Russes dans les dernières rencontres. Cela lui fit faire une grimace fort significative :

« *Na prosno nie nadobno brat plennich*, dit-il ; il est inutile de faire des prisonniers. »

A Vilna, pour inaugurer ses hautes œuvres, il décerne à l'abbé Iszora et à plusieurs autres prêtres la double couronne du patriote et du martyr. Il fait fusiller le comte Léon Plater sous les yeux de sa mère.

Après avoir vu mourir bravement celui qu'elle avait porté dans son sein et nourri de son lait, celui qu'elle avait tant aimé, celui à qui elle avait appris tout enfant à chérir sa patrie, cette autre mère des sept douleurs revint dans sa maison d'un pas calme et avec un visage serein, tandis que la foule en larmes s'inclinait silencieusement devant sa majesté. Ayant trouvé ses petites-filles inconsolables :

« Imitez-moi, mes enfants, leur dit-elle, je ne pleure pas. Ah ! si mon fils eût tremblé devant les balles moscovites, je pleurerais ; mais je l'ai vu dans sa prison, je l'ai vu sur la place du supplice, ferme et confiant en Dieu. J'ai prié avec lui, je l'ai béni, je l'ai vu mourir en homme de cœur et en chrétien. Ne pleurons pas la victoire du martyr ; imitons son courage, et restons dignes de lui. »

Peu de temps après l'apparition de l'ordonnance contre le deuil[1], le général M.... Il dépouillait un matin dans son cabinet les rapports de ses agents sur l'effet produit par cet acte mémorable. Il semblait éprouver un vif désappointement ; ses sourcils étaient froncés, et sa bouche exprimait la colère. Les femmes de tout âge et de tout rang continuaient à se montrer en public sous des voiles de deuil, comme si Son Excellence ne les eût pas menacées de les faire battre de verges. Bientôt cependant son front se rasseréna, et quelque chose comme un sourire passa sur ses lèvres pâles.

« Les Polonaises me bravent, dit-il, c'est bien! Mais elles céderont toutes, où je les traiterai comme des infâmes. »

Et il écrivit un nouvel ordre par lequel les femmes en deuil étaient assimilées aux filles de mauvaise vie. Cela le mit de belle humeur, et ce fut d'un air presque jovial qu'il accueillit le singulier visiteur qui venait de franchir la porte de son cabinet.

« Ah! te voilà, coquin, dit-il. Quoi de nouveau? »

1. Ordonnance du 19 juin 1863. Elle porte : « Les personnes en deuil d'un proche parent sont obligées de fournir à la police l'acte de décès de ce parent ; dans ce seul cas, il leur sera permis de porter le deuil, mais seulement pendant le temps voulu par l'usage. » L'acte de décès! Les Polonaises pouvaient-elles donc le demander aux sépultures de leurs morts chéris tombés sur les champs de bataille?

Une voix qui sortait rauque et saccadée d'un gosier brûlé par les liqueurs fortes répondit à Son Excellence :

« Rien de bon ! les femmes toujours en deuil. La Polonaise de Nowy-Dwor se moque du père tzar et de toi. Il faut punir. Un beau corps pour les verges !

— Quelles sornettes ! est-ce pour cela qu'on te paye, l'espion ? Laisse-moi, va-t'en, si tu n'as rien à m'apprendre !

— Le bon serviteur est traité comme un chien de Pologne ! O sainte Russie ! J'ai livré Narbutt ! A présent il faudrait battre la Polonaise.

— Pardieu ! il faudrait les battre toutes !

— Celle du château d'abord, les autres après.

— Sors, j'ai bien le loisir vraiment de t'écouter. »

Mais au lieu de sortir, le Raskolnik, toujours ivre et plus sordide que jamais, s'assit dans un riche fauteuil.

« Misérable, cria le gouverneur furieux, toi aussi, tu me braves !

— Moi, j'ai beaucoup d'amis dont tu as besoin, Excellence. Sept millions dans la sainte Russie, tous Vieux-Croyants qui ne se rasent jamais. Nous faisons le signe de la croix avec deux doigts, et le père tzar avec trois ; mais c'est égal, nous le servons en Pologne et en Lithuanie : ceux qui ont des popes (*popovstchintsy*), comme ceux qui n'en ont pas (*bezpovstchinsy*).

— Il est ivre, cet hérétique, dit M.... II. Si tu ne sors pas, je vais te faire jeter dehors.

— Mauvaise menace contre un bon espion! Si pourtant nous servions les Polonais!... »

Le Raskolnik fit une méchante grimace.

« Prends garde que je ne te fasse pendre.

— Oh! oh! moi, un chien fidèle. Les M.... aiment à pendre, quand on ne les pend pas. »

Le gouverneur se leva menaçant; le Raskolnik demeura tranquillement assis dans son fauteuil.

« Ce n'est pas moi, c'est Otylia qu'il faut pendre.

— Pourquoi, enfin?

— Je la hais comme la mort.

— Ah! vraiment; et que t'a-t-elle fait?

— Rien ; elle est belle comme la vierge Marie, et c'est une païenne.

— Une catholique....

— Catholique ou païenne, fille de Satan! qui l'épouse se damne [1]!

— Ah! ah! fit le général en éclatant de rire, tu es amoureux de la Polonaise. »

Un rapide éclair passa dans les yeux du Raskolnik.

« Frappe-la de verges jusqu'à ce qu'elle abjure,

1. Ces sectaires ne peuvent épouser sans crime une femme d'une autre croyance.

dit-il avec un élan fanatique; tu sauveras son âme, et je te livrerai un autre Narbutt.

— Quel âge a-t-elle? demanda le général.

— Dix-huit ans, blanche comme la neige sous ses habits noirs.

— Et de qui donc est-elle en deuil?

— De son fiancé, le comte Julian.

— Quel comte Julian?

— Le compagnon de Narbutt.

— Il n'était pas son proche parent?

— Ni proche, ni éloigné.

— Et elle se montre publiquement avec des vêtements noirs?

— Chaque dimanche, à l'église du démon catholique.

— Ah! elle me brave aussi, cette.... comment l'appelles-tu?

— Otylia.

— Eh! bien, réjouis-toi: qu'elle abjure ou non, peu m'importe, mais il faut un exemple.

— C'est moi qui la fouetterai.

— Toi?

— J'aime encore mieux ça que des roubles.

— Soit! je ferai arrêter cette rebelle aujourd'hui même. »

Le Raskolnik baisa la main de M.... H, et sortit.

Le gouverneur sonna et un huissier parut.

« Qu'on m'aille chercher le sous-lieutenant Pawloff. »

Bientôt l'officier entrait dans le cabinet de Son Excellence.

C'était un grand jeune homme blond, aux yeux bleus, à la physionomie douce. Il y avait de la tristesse dans son visage et dans son attitude. Sorti depuis quelques années, avec le grade d'enseigne, de l'école des cadets nobles de Saint-Pétersbourg, il avait gagné au Caucase l'épaulette de sous-lieutenant.

Il ne connaissait pas ses parents. Une pension qui lui venait, sans qu'il sût d'où, acquitta les dépenses de son éducation; et de temps en temps un homme silencieux comme un muet entrait dans sa chambre et déposait devant lui une bourse pleine d'or.

Plusieurs fois, le lieutenant Pawloff, cédant à un mouvement de fierté blessée, fut sur le point de mettre à la porte l'émissaire chargé de lui apporter cette aumône anonyme ; mais c'était l'unique lien qui l'attachât à ses parents! Il n'avait, du reste, tenté aucune démarche pour découvrir sa famille. Il savait d'avance que ce serait peine perdue, et même que cela lui serait nuisible.

L'école des cadets de Saint-Pétersbourg est un véritable hospice d'enfants nobles abandonnés, et l'armée russe compte par centaines des sous-lieutenants, lieutenants et capitaines qui ont pour père le comte X, ou la princesse XX pour mère. Ces bâtards sont voués dès leur berceau à la solitude du cœur. Beaucoup, pour tromper la nostalgie de la famille, cherchent dans l'ivresse ou la débauche l'oubli de leur abandon : ceux-là deviennent de vrais reîtres, capables de tous les excès qui ont déshonoré une partie des officiers russes en Pologne. D'autres, dévorés d'un spleen qui ne pardonne pas, meurent jeunes de consomption et de phthisie ; car leur solde, qui suffit à peine pour les faire vivre, ne leur permet pas de songer au mariage. Les plus heureux se font aimer de filles richement dotées, et naissent au bonheur dans la famille de leur femme ; mais c'est le petit nombre, et l'on dit de ceux-là que la fée les a touchés de sa baguette.

Le sous-lieutenant Pawloff, nature aimante et chaste, ne chercha pas dans la débauche un refuge contre son isolement ; aussi il en était à la première période de ce mal que j'ai appelé la nostalgie de la famille, et qui engendre la phthisie. Les horreurs dont il était témoin, et où la consigne militaire l'obligeait à devenir acteur quelquefois, assombrirent encore son caractère, et rendirent son visage plus pâle. Ses camarades, qui tentaient vainement de l'entraîner au cabaret ou dans quelque mauvais lieu, disaient de lui :

« Décidément Pawloff s'en va ; et s'il ne devient

pas amoureux, il n'en a plus pour six mois dans le ventre. »

L'officier se mit au port militaire devant M.... II; son visage, calme et froid, son attitude roide et presque hautaine exprimaient la subordination militaire bien plutôt que le respect.

« Pawloff, lui dit Son Excellence, je vais vous charger d'une mission, et j'espère que vous la remplirez bien. »

Le sous-lieutenant s'inclina sans répondre.

« J'y compte, reprit le gouverneur ; ce que j'apprends sur vous ne vous est pas favorable : on me rapporte que vous avez l'air de blâmer ce qui se fait ici pour le service de S. M. l'empereur et tzar de toutes les Russies. Vous m'avez été chaudement recommandé par quelqu'un qui vous veut du bien. Vous êtes protégé de haut, vous le savez sans doute.

— Je l'ignore absolument, » dit l'officier d'un accent plein d'amertume.

M.... II connaissait ses parents, et lui qui eût donné sa vie pour les connaître et qui avait passé vingt-cinq ans seul sur la terre.... hélas !

« Mais pour avancer sur un autre chemin que celui de la Sibérie, reprit Son Excellence, pour parvenir aux grades supérieurs, ce n'est pas assez de suivre strictement la consigne, il faut du zèle et vous en manquez entièrement. Je vous observe, car je vois tout ce qui se passe autour de moi, et sans lunettes. Eh bien! quand je fais pendre ou fusiller des rebelles, cela vous choque, et les Polonaises qui pleurent vous inspirent de la pitié. »

Pawloff resta impassible et ne répondit rien.

« Vous êtes jeune, parbleu! et vous aurez le temps d'en voir bien d'autres. Moi, qui suis un homme d'expérience, je veux bien vous donner un bon avis. Sachez que tout ce qu'on fait pour son maître est bien fait, qu'il n'y a pas de crime en face de la révolte, et qu'il s'agit ici de la détruire et non d'avoir pitié. Sachez enfin que, dans les provinces occidentales et dans le royaume, il n'y a pas de place pour les Russes et pour les Polonais. Il faut que les uns ou les autres périssent. Eh bien! dans la mesure de mes forces, je détruirai cette race maudite qui brave l'autorité du tzar et qui repousse sa clémence. »

L'officier continuait de garder le silence.

« M'avez-vous compris, s'écria M.... l'exterminateur. Ni les larmes des femmes, ni les plaintes des mourants, ni l'épouvante des massacres, ni l'horreur de l'incendie, ne doivent amollir le cœur du soldat. Que les rebelles se soumettent ou qu'ils meurent, voilà mon dernier mot, et c'est l'ordre de Saint-Pétersbourg. »

Après un nouveau silence :

« Votre Excellence a parlé d'une mission, dit Pawloff.

— Vous vous rendrez avec vos hommes au château de Nowy-Dwor; vous y trouverez une rebelle qui, au mépris de mes ordonnances, se montre en public sous des habits de deuil. Vous lui demanderez l'acte de décès constatant la mort d'un de ses proches parents; et comme elle ne pourra le produire, vous l'arrêterez et la mènerez à pied, les mains attachées derrière le dos, à la citadelle de Vilna, bastion n° 4.

— Son nom? demanda l'officier.

— Otylia; allez maintenant, et prenez garde! ajouta M.... avec un geste de menace; ma police est bien faite, et j'aurai l'œil sur vous. »

Une heure après, le sous-lieutenant Pawloff marchait, à la tête d'une demi-compagnie, dans la direction de Nowy-Dwor. Tandis que ses soldats devisaient entre eux sur le but de l'expédition, encore ignoré de tous, l'officier, pensif et sombre, sentait son cœur se révolter contre la tâche qui lui était imposée. Aller arrêter une femme! une jeune fille sans doute! était-ce là une mission de soldat? N'était-ce pas un métier de sbire?

Sa révolte allait en grandissant, et l'envie lui venait par moments de briser son épée, ou de se la passer au travers du corps. Entre lui et ses subordonnés, il n'y avait pas cet échange si cordial et si touchant de pensées et de sentiments qui égaye la marche de l'officier et du soldat français, et qui, dans la bataille, en fait une seule âme et un seul corps. Les règlements russes ne tolèrent pas ces familiarités, et le tchine établit une distance incommensurable entre l'homme qui porte l'épée et l'homme qui porte le fusil. D'ailleurs, les soldats de Pawloff étaient la plupart de vieux soldats démoralisés par les verges et autres rigueurs de la discipline moscovite, endurcis par la guerre du Caucase, non moins féconde en cruautés qu'en ruses. Il ne pouvait donc exister aucune sympathie entre ces hommes grossiers, pillards, violents, capables à certains moments des plus horribles excès, et le sous-lieutenant Pawloff, âme dolente, cœur tendre, nature douce, sensible et presque efféminée.

L'officier passa sans le regarder devant un homme couché au bord de la route, qui guettait son passage, et qui se mit à suivre le détachement ; mais sa marche était si chancelante qu'il paraissait à chaque pas devoir s'étendre par terre. Il parvenait pourtant à se tenir debout par un miracle d'équilibre, et continuait d'avancer en zigzag, la tête inclinée sur la poitrine, plus pensif encore et plus sombre que le sous-lieutenant Pawloff. Les soldats tournaient les yeux vers lui, et riaient à gorge déployée de la mine de ce singulier ivrogne.

« Il se bat bien avec son eau-de-vie, dit un soudard à moustache grise; ce n'est pas la première fois qu'elle lui descend dans les jambes.

— Par saint Iaroslaw ! ajouta un autre, il a plus d'alcool que de sang dans les veines ; avec une allumette on en ferait un fanal.

— Si on le mettait en perce, poursuivit un troisième, on en pourrait tirer du genièvre à plein verre. »

De bruyants éclats de rire répondirent à ces plaisanteries. L'officier tourna la tête et jeta un regard sévère sur sa troupe. Le silence se rétablit aussitôt dans les rangs. Au même instant, Pawloff vit l'ivrogne lever le poing, et il l'entendit murmurer :

« Abjure, Otylia, fille de Satan ! »

Au comble de la surprise :

« Sais-tu quel est cet homme? demanda-t-il à un sergent.

— Mon lieutenant, répondit celui-ci, je sais seulement qu'il nous suit depuis une heure. »

Pawloff fit arrêter le détachement, et se dirigea vers le Raskolnik.

« Pourquoi nous suis-tu? lui dit-il.

— Oui, jusqu'à Nowy-Dwor, où tu vas arrêter Otylia, la païenne. Je l'ai dénoncée à Son Excellence.

— Et pourquoi, misérable, l'as-tu dénoncée?

— Parce que je la hais, la belle fille! Allons, en marche! Elle sera battue, battue de verges, si elle n'abjure pas. »

Pawloff fut sur le point de brûler la cervelle à l'abjecte créature; mais les soldats qui regardaient et qui écoutaient, rappelèrent l'officier à lui-même.

Il reprit sa place à la tête du détachement qui se remit en marche. Bientôt, à l'extrémité d'une avenue, apparut le vieux manoir de Nowy-Dwor. Un serviteur accourut, effaré, dans la salle où se trouvaient réunis Otylia, son père, sa mère et le chapelain du château.

« Les Russes! » cria-t-il.

Et à ce mot, le sang leur afflua au cœur. Les deux vieillards et le prêtre pâlirent. Quant à la fiancée du comte Julian, elle était déjà si pâle dans ses habits de veuve qu'elle ne pouvait le devenir davantage.

Elle alla machinalement vers une fenêtre, et vit d'un œil tranquille le sous-lieutenant Pawloff et ses hommes entrer dans la cour; mais tout à coup elle poussa un cri, et s'appuya au mur pour ne pas tomber.

Près de la grille, elle venait de voir le Raskolnik qui la désignait du doigt aux Russes.

« Lui! s'écria-t-elle, je suis perdue! »

Lorsqu'elle fut revenue de sa stupeur, elle aperçut le sous-lieutenant Pawloff qui se tenait debout devant elle dans une attitude respectueuse.

« Mademoiselle, dit-il avec un accent d'indicible tristesse, j'ai ordre de vous demander si vous portez le deuil d'un proche parent.

— Je porte le deuil de mon fiancé, monsieur, répondit-elle.

— En ce cas, mademoiselle, reprit l'officier, j'ai ordre de vous arrêter et de vous conduire à la prison de Vilna.

— Je suis prête à vous suivre, » dit Otylia simplement.

Les plaintes et les supplications de ses parents éclatèrent.

« Peut-être, leur dit Pawloff touché jusqu'au fond du cœur, peut-être y a-t-il un moyen de concilier mon devoir avec vos prières. Que mademoiselle veuille bien quitter le deuil à l'instant, et je déclarerai dans mon rapport qu'on l'a faussement accusée de transgresser les ordonnances.

— Non, monsieur, dit Otylia, épargnez-vous ce mensonge ; le deuil m'accompagnera jusque dans ma tombe. Mon fiancé est mort pour le pays. Je saurai, moi, s'il le faut, mourir pour honorer sa mémoire.

— Mais, répéta l'officier avec une angoisse visible, je serai forcé de vous conduire à Vilna, et je ne puis sans frémir songer au sort qui vous y attend. »

Un ricanement se fit entendre du côté de la porte. Les domestiques qui étaient accourus là, assistaient consternés à cette scène ; mais du premier coup d'œil, Otylia découvrit le Raskolnik qui s'était glissé parmi eux.

« Voilà, dit-elle en le désignant de la main, celui qui m'a dénoncée.

— Qu'on chasse ce misérable ! s'écria Pawloff, ou sinon.... »

Et par un mouvement irréfléchi, il saisit un pistolet qui sortait de sa ceinture.

« Ah ! ah ! l'officier russe protége la Polonaise ! hurla l'espion en devenant tour à tour pourpre et blême. Notre père tzar te récompensera, et Son Excellence, donc ! » ajouta-t-il en faisant une grimace sinistre.

Puis, voyant que les domestiques allaient lui faire un mauvais parti, il descendit en trébuchant l'escalier de pierre, et s'alla mettre, dans la cour du château, sous la protection des baïonnettes moscovites. Pendant ce temps :

« Au nom du ciel, mademoiselle, suivez mon conseil, disait Pawloff; et lorsque je cherche à vous préserver d'un traitement ignominieux, ne persistez pas à vous l'infliger vous-même.

— Je vous remercie pour votre générosité, monsieur, lui répliqua Otylia d'une voix ferme; ce n'est point par une vaine bravade que je refuse d'en profiter; mais je me déshonorerais en cessant de porter le deuil de celui qui est mon mari devant Dieu, sinon devant les hommes. Par là, je me rendrais indigne de ce mort bien-aimé à qui appartiennent mon cœur, mon âme et ma vie. Ce serait une honte à laquelle je ne survivrais pas; ainsi, monsieur, partons, je suis prête à vous suivre. »

Ni les larmes de sa mère, ni les supplications de son père, ni les prières du chapelain, ni les lamentations des serviteurs dont plusieurs l'avaient vue naître, rien ne put faire revenir Otylia sur sa résolution.

Peindrai-je cette scène où l'enfant unique, la jeune fille adorée, la belle, la pure, la douce, la charmante et héroïque Otylia sortit de la maison paternelle, non pas joyeusement parée pour suivre à l'autel un époux chéri; mais couverte de voiles noirs et marchant comme une criminelle entre deux rangs de soldats? Et cependant son visage rayonnait d'un ineffable sourire.

Elle quitta ses parents et ses serviteurs avec une si grande fermeté d'âme, il y avait dans les adieux qu'elle leur fit quelque chose de si édifiant et de si sublime, qu'elle parvint pour un moment à les élever tous avec elle au-dessus des misères terrestres.

Les plaintes cessèrent, et les larmes ne coulèrent plus. Au milieu d'un silence imposant, tous, le père, la mère, les serviteurs, les paysans du domaine l'accompagnèrent, la tête découverte et dans un recueillement pieux, jusqu'à l'extrémité de l'avenue.

Là, Otylia se mit à genoux.

« Mon père, ma mère, dit-elle, bénissez votre enfant. »

Tous s'agenouillèrent; les soldats russes jetaient sur cette scène des regards pleins de stupeur. Plus d'un peut-être revoyait confusément et le village perdu dans la steppe, et la cabane enfumée, et le père infirme, et la mère chérie auxquels, en partant pour l'armée, il avait dit adieu pour ne plus les revoir.

Le sous-lieutenant Pawloff tournait le dos à tout le monde : il sanglotait comme une femme.

Le père d'Otylia s'approcha d'elle, et lui imposant les mains.

« Ma fille, dit-il, je te bénis au nom du Père, du Fils et du Saint-Esprit.

— *Amen!* répondit Otylia.

— *Amen!* répétèrent les assistants.

Sa mère s'approcha d'elle à son tour.

« Mon enfant! dit-elle, le plus précieux et le plus cher présent que Dieu m'ait fait sur la terre, je te bénis! Tu agis bien, et je t'approuve. Quand l'homme meurt bravement, il n'est pas permis à la femme de se montrer lâche. D'ailleurs, Notre Seigneur lui a dit : « Tu quitteras ton père et ta mère pour suivre ton époux. » Garde tes habits de veuve, je te bénis!

— Ma fille! répéta le prêtre, je te bénis au nom du Père, du Fils et du Saint-Esprit. »

Et du doigt il lui montra le ciel.

« *Amen!* » dirent Otylia, les serviteurs et les paysans toujours agenouillés.

Alors, le suprême baiser donné et rendu, il se fit un grand silence et l'on se sépara.

Otylia, au milieu des Russes, mais les mains libres en dépit des ordres de Son Excellence, s'éloigna dans la direction de Vilna.

Partout sur son passage, les hommes se découvraient et les femmes venaient lui baiser les mains ou la robe.

Quant au Raskolnik, il avait disparu.

Otylia fut conduite au bastion n° 4 et enfermée dans un de ces cachots où tant d'autres, non moins touchantes et non moins héroïques, allaient comme elle supporter stoïquement l'attente de l'ignominieux supplice.

Pendant toute la route, elle n'avait ni poussé un soupir, ni versé une larme ; dans sa prison, elle montra la même résignation et la même énergie.

Le geôlier la vit tranquille et souriante s'agenouiller sur la paille pour prier; en se retirant, devant tant de noblesse unie à tant de grâce, il ôta involontairement son bonnet.

Il revint une heure après, et trouvant Otylia toujours en prière, il attendit près de la porte qu'elle s'aperçût de sa présence.

« Que désirez-vous? lui demanda-t-elle avec douceur.

— Voici du pain et de l'eau, dit-il d'une voix rude; mais le respect et la pitié y parlaient malgré lui.

— Je vous remercie, répondit-elle.

— Ne voulez-vous pas autre chose? ajouta timidement cet homme endurci au spectacle des misères quotidiennes : tant de courage dans une femme si jeune et si charmante le confondait.

— Cela suffit, dit Otylia en le regardant avec surprise. Quel est votre nom?

— Yvan.

— Eh bien! Yvan, je prierai Dieu pour vous qui avez pitié du malheur. »

L'homme aux clefs sortit brusquement : une larme lui montait aux yeux.

Bientôt la porte du cachot s'ouvrit une troisième fois.

Le geôlier n'était pas seul : un homme le suivait enveloppé dans un manteau.

« Son Excellence le gouverneur ! » cria-t-il d'une voix exempte de toute mansuétude.

Et le sinistre vieillard, rejetant son manteau, apparut en uniforme de général, la poitrine constellée de crachats et de décorations. Otylia ne put réprimer un geste de mépris et de dégoût; il y répondit par un regard gros de menaces.

Une heure auparavant, le sous-lieutenant Pawloff était allé au palais pour rendre compte de sa mission; mais déjà le Raskolnik avait fait son rapport. M.... II accueillit l'officier par un froncement de sourcils, précurseur d'un orage.

« Je sais, lui dit Son Excellence, comment vous avez exécuté mes ordres; une demi-douzaine de balles dans le corps, voilà ce que vous méritez. Vraiment, mon garçon, vous avez le cœur trop sensible, et je devrais vous faire fusiller.

— Comme il plaira à Son Excellence, dit le jeune homme d'une voix calme.

— Non, je ne veux point chagriner les gens qui vous protégent; ils sont puissants, et je leur ai des obligations. Mais vous n'êtes pas à votre place ici; il nous faut des hommes qui frappent, et non des hommes qui pleurent. Je vous réserve une autre mission qui sera mieux dans vos goûts. En attendant, enfermez-vous dans votre chambre, et n'en sortez que sur un ordre exprès de moi. »

L'officier s'inclina devant Son Excellence et sortit sans répondre par un mot de gratitude à sa clémence tout à fait extraordinaire. Aussitôt M.... II, s'étant frotté les mains d'un air de satisfaction, se dirigea vers le bastion n° 4, à travers les rues noires où il ne rencontra que des sentinelles, car il était près de minuit.

« Ainsi, dit le gouverneur à Otylia, dont le visage avait repris son entière sérénité, vous êtes la rebelle qui me bravez. »

Elle garda le silence.

« Parlerez-vous? cria-t-il en frappant du pied.

— Que puis-je vous répondre? dit-elle de sa douce voix; je suis Polonaise, vous le savez bien; j'aime ma patrie comme je suppose que vous aimez la vôtre. Je porte le deuil du comte Julian, mon fiancé, et j'ai fait le serment de le porter toute ma vie.

— Ah! nous verrons cela! répliqua-t-il avec violence. Le comte Julian était un rebelle comme vous, une balle russe lui a réglé son compte, c'est fort bien; mais comme il n'était ni votre mari, ni votre parent, vous n'avez pas le droit de porter son deuil: mes ordonnances vous le défendent.

— Je le sais, dit simplement Otylia.

— Vous me bravez donc, et vous me bravez en face! »

La Polonaise se tut.

« Oh! misérables femmes, qui soufflez la révolte contre le tzar, et qui la prêchez par votre exemple, reprit-il, je briserai sous le talon de ma botte vos têtes plus dures que la pierre! »

Un sourire d'ironie et de défi passa sur les lèvres d'Otylia. Son Excellence le vit, et sa colère s'en augmenta : elle devint de la fureur, et puis de la rage.

« Oui, cria-t-il, je vous atteindrai dans votre cœur et dans votre corps, dans votre honneur et dans votre chair! Je vous déshonorerai, je vous abaisserai au rang des filles infâmes. Je vous livrerai à mes cosaques, je vous ferai battre, marquer au fer, déchirer par mes bourreaux. Je vous enverrai pourrir dans les mines d'Irkoutsk; oui, si votre persévérance dans la rébellion m'y force, je vous exterminerai toutes, oui toutes ! Quand j'en aurai fini avec les Polonaises, ma tâche sera aux trois quarts faite. Alors nous raserons vos châteaux, nous brûlerons vos fermes, nous enverrons vos enfants aux colonies militaires, comme fit le tzar Nicolas. Vos amis et vos frères, nous les expédierons en Sibérie ou en enfer, à leur choix. Ah ! ah ! vous vous imaginez qu'on me brave impunément, et qu'une chétive créature comme vous sera plus forte que moi ! »

Tandis qu'il marchait dans le cachot de long en large, comme un tigre dans sa cage, Otylia le suivait d'un œil tranquille et sans mot dire. Son Excellence le général M.... II, gouverneur de Lithuanie, de Volhynie et de Podolie, aide de camp et lieutenant du tzar de toutes les Russies, faisait pitié à la jeune fille sans défense.

Devant cette sérénité d'autant plus irritante qu'elle n'était pas factice, M.... II, hors de lui, livide et l'écume aux lèvres, se livra tout entier à ses instincts féroces. Il bondit plutôt qu'il ne courut vers la jeune fille, toujours calme, toujours impassible, et lui arrachant de la tête son voile noir :

« Tu vas quitter le deuil, cria-t-il, ou sinon.....

— Jamais ! dit Otylia d'une voix ferme.

— Les verges! les verges! hurla M.... II, et, fou de rage, il s'élança hors du cachot.

— Un bon conseil, dit le geôlier en fermant la porte; obéissez à Son Excellence, ou c'en est fait de vous.

— Je ne crains pas la mort, » répondit Otylia.

Et elle resta dans les ténèbres.

« Julian, pensa-t-elle, es-tu content de moi? Tu es mort pour la Pologne, à mon tour maintenant. L'espoir de te retrouver bientôt me remplit d'une joie ineffable. Unis pour l'éternité! ah! que nous allons être heureux! Mais ne m'abandonne pas à l'heure du supplice; aide-moi à souffrir et à mourir dignement. »

Alors elle dit adieu aux êtres chéris qu'elle allait laisser sur la terre, à son père, à sa mère, au chapelain, à ses jeunes compagnes, aux vieux serviteurs de la maison; elle n'oublia personne, pas même son cheval favori, celui qui la portait la veille des noces, pendant cette dernière promenade qu'elle fit avec Julian, son bien-aimé. Puis elle attendit tranquillement le bourreau.

Le pas lourd des soldats retentit sous les voûtes, et les crosses de leurs fusils firent un bruit sourd en tombant à terre devant le cachot.

« Suivez-nous! »

Elle releva le voile déchiré par la main de Son Excellence, et, l'ayant replacé sur sa tête, elle marcha d'un pas ferme au milieu des soldats.

On la conduisit dans une cour intérieure que quelques torches enflammées éclairaient de lueurs rouges.

« Où est le bourreau ? fit une voix de vieillard.

— Excellence, il demeure à l'autre bout de la ville.

— Les verges, où sont-elles ?

— Les voici.

— Eh bien ! dix roubles à celui qui frappera cette Polonaise jusqu'à ce qu'elle demande grâce. »

Tous les regards se portèrent sur Otylia, qui, calme et souriante, attendait le supplice et la mort.

Pas un homme ne bougea, malgré les offres brillantes de Son Excellence.

« Qu'on aille me chercher le bourreau, dit M.... II.

— Et moi donc ! »

Le Raskolnik sortit de l'ombre.

« A moi les verges ! à moi la Polonaise ! à moi la païenne !

— Fais ! dit le misérable vieillard à son digne suppôt, et frappe jusqu'à ce qu'elle demande grâce.

— Jusqu'à ce qu'elle abjure ! » cria le Vieux-Croyant.

Et l'immonde créature se jeta sur Otylia comme

un chacal sur sa proie. En un clin d'œil, il lui eut lié les mains et les pieds. Il étendit la jeune fille sur un banc de pierre, la tête en bas.

Puis les yeux pleins d'éclairs fauves, il porta ses mains sordides et frémissantes sur ce corps immaculé. A ce contact, Otylia poussa un cri d'horreur.

« Mon Dieu ! » fit-elle, et elle s'évanouit.

Les soldats russes, indignés, détournaient la tête de cette profanation ; mais Son Excellence ne s'émut pas de si peu.... Elle regarda.

Quant au fanatique, saisissant les verges, il frappa ! frappa !

« Abjure ! criait-il, païenne; abjure, catholique ! Point de salut pour toi, en ce monde ni dans l'autre, si tu n'adores le Dieu des Vieux-Croyants. »

Et comme la victime se taisait :

« Ah ! Polonaise maudite, tu persistes ! Meurs donc, et brûle éternellement dans l'enfer ! »

Et il recommençait à frapper avec un redoublement de fureur.

Bientôt le sang jaillit de mille plaies.

Ils n'étaient plus que trois dans la cour : la victime et ses deux bourreaux.

Les soldats épouvantés avaient fui l'un après l'autre.

« Assez ! dit M.... II d'une voix lugubre comme un glas de mort.

— Elle n'a pas abjuré, dit le Raskolnik.

— Ne vois-tu pas, brute, qu'elle n'a plus de voix pour te répondre? »

Et à son tour il s'éloigna brusquement.

Le Raskolnik mit une de ses mains sur le cœur d'Otylia, et l'autre sur sa bouche : il ne sentit ni battement, ni souffle.

Alors, il se prit à courir comme un fou autour de la cour, en se heurtant la tête contre les murs.

« Morte ! morte ! s'écria-t-il, je l'ai tuée! O Seigneur mon Dieu, sainte mère de notre Sauveur, rendez-la moi. Otylia, ange du ciel, la plus belle et la plus parfaite des vierges, parle, parle! Je t'ai tuée ! je ne te verrai plus sourire ! Je t'ai perdue, perdue pour jamais, dans ce monde et dans l'autre! Non ! non ! malédiction sur moi, je te suivrai dans ton enfer ! »

Et prenant son couteau à deux mains, il se le plongea tout entier dans le cœur. . . . .

. . . .

Otylia n'était pas morte ; son évanouissement l'avait protégée contre cette honte suprême de la pudeur violée, qui l'eût tuée sur le coup.

Un mois après, elle sortait de la citadelle, appuyée sur ses parents accourus à Vilna, et qui, à force de sollicitations, avaient obtenu qu'on leur rendît leur fille.

Était-ce clémence de M.... II? Allons donc! c'était une épreuve qu'il voulait faire : la Polonaise oserait-elle reparaître en public avec ses habits de deuil?

Otylia se dirigea avec son père et sa mère vers la principale église de Vilna, qui regorgeait de fidèles. La population venait en foule rendre grâce à Dieu pour la délivrance de la patriote martyre.

Une angoisse mortelle étreignit tous les cœurs lorsqu'on la vit pâle, amaigrie, mais toujours belle, apparaître sous la nef : elle avait gardé ses voiles noirs.

Alors, dans cette foule agenouillée, où chacun comptait quelque victime parmi les siens, éclata un pieux enthousiasme; et tous, en invoquant le ciel, jurèrent une fois de plus de mourir pour la Pologne!

A la sortie de l'église, le sous-lieutenant Pawloff, à la tête de son peloton, s'approcha d'Otylia :

« Mademoiselle, dit-il en s'inclinant respectueusement, j'ai ordre de vous arrêter. Vous venez d'être condamnée à la déportation en Sibérie, pour délit de récidive contre les ordonnances sur le deuil. Je suis chargé de conduire un convoi de *malheureux* [1] dont vous faites partie. Croyez, mademoiselle, que je vous protégerai de mon mieux

1. En Pologne et en Russie, on désigne par ce mot tout déporté en Sibérie.

contre les misères de ce long et douloureux voyage, et pardonnez-moi, je vous en prie, le triste rôle que je suis contraint de jouer dans votre vie.

— Monsieur, répondit Otylia avec une sérénité parfaite, je n'ai rien à vous reprocher, et je vous remercie pour vos bonnes paroles et pour vos offres de service. Quoi qu'il arrive, je vous en garderai une vive reconnaissance. »

Puis, après un silence :

« Quand partons-nous ? demanda-t-elle à l'officier.

— Dans un instant, » lui répondit-il.

La jeune fille se tourna vers ses parents atterrés :

« A ne plus nous revoir[1], » leur dit-elle. Et après les avoir embrassés et regardés longtemps, comme pour mieux graver leurs traits dans sa mémoire, elle suivit l'officier, laissant les deux vieillards et la foule pétrifiés.

Où est-elle maintenant, la noble victime, la douce Otylia ? Marche-t-elle et marchera-t-elle encore longtemps vers le pays « d'où l'on ne revient jamais[2] ! » De Kief à Tobolsk, le voyage dure toute une année, et deux jusqu'aux mines de Nertchinsk, dans le gouvernement d'Irkoutsk.

N'est-elle pas morte de fatigue et de misère, la belle châtelaine de Nowy-Dwor, la charmante fiancée du comte Julian ? Dieu le sait !... Seule-

1 et 2. Dictons populaires en Pologne.

ment il me semble avoir lu quelque part qu'un sous-lieutenant russe, du nom de Pawloff, avait brisé son épée et s'était brûlé la cervelle après avoir vu mourir toute une glorieuse phalange de Polonais qu'il conduisait en Sibérie.

LA BELLE EDWIGE.

LA BELLE EDWIGE.

Ce fut à Modlin un événement et un scandale, lorsqu'on sut que le colonel Worontzeff avait rendu visite à Mme Edwige Padhorska. On ne s'entretenait que de celà dans toutes les maisons de la ville. « Comment, disait-on, Mme Edwige qui a donné tant de preuves de son patriotisme, elle qui est allée dix fois panser les blessés sur le champ de bataille, au risque de se faire massacrer par les Russes, la voici maintenant qui reçoit chez elle le président de la cour martiale, un de nos plus cruels ennemis, un monstre tout couvert du sang de nos frères ! »

Beaucoup plaignaient son mari : « Ce pauvre Padhorski ! disaient-ils, pendant qu'il se bat en brave patriote.... ah ! c'est indigne ! »

Et la malveillance se nourrissant de tous les

méchants bruits qui font fortune dans une ville de garnison, il s'éleva avant le soir un *tolle* général contre la jeune femme.

Quelques bonnes âmes, cependant, prenaient sa défense. Elles s'irritaient de ces accusations si légèrement portées.

« Si le colonel Worontzeff ou tout autre fonctionnaire russe venait frapper à votre porte, la lui fermeriez-vous au nez? Non, car ce serait une bravade dangereuse. Vous seriez obligé de le recevoir, comme Mme Edwige, pour éviter qu'il ne revînt accompagné de gendarmes ou de cosaques. Mme Edwige, d'ailleurs, est une des plus grandes dames de la ville; et il se peut fort bien que le président de la cour martiale ait voulu faire en personne une perquisition chez elle. »

Mais à cela on répondait peu charitablement :

« Je ne me suis pas, moi, laissé faire la cour par le colonel Worontzeff, quand j'étais demoiselle. »

Parmi ceux qui s'attaquaient le plus violemment à la réputation de la jeune femme, était un petit monsieur attablé, avec des officiers, dans le principal café de Modlin. Sa mise annonçait de la recherche, bien que son habit blanchi sur les coudes indiquât le contact assidu du pupître. C'était un bureaucrate, en effet; non pas un de ces gratte-papier crasseux et sentant le moisi comme leurs paperasses, mais un bureaucrate élégant, un bureaucrate céladon. Ses cheveux blonds, roides et droits comme des I, ses pommettes saillantes, son grand nez surmonté de lunettes, ses mains et ses pieds énormes témoignaient d'une origine germanique. Son teint blême, ses lèvres minces, ses petits yeux ronds et enfoncés ne faisaient pas l'éloge de son cœur. Herr Stimmer, fruit sec de je ne sais quelle université tudesque, était venu chercher fortune en Pologne. Il comptait, pour y réussir, sur son intelligence et sur son physique; car il nourrissait une idée extraordinairement haute de ses facultés mentales et de ses charmes corporels. C'était en somme une espèce de cuistre, assez laid de sa petite personne, suffisant et gourmé, gonflé d'autant de vanité que de sottise, fort peu enclin au bien, mais capable de tout le mal possible pour parvenir à son but. Ayant la bourse aussi vide que le cœur, il lui avait fallu accepter les humbles fonctions de secrétaire chez quelque grand seigneur. Cette condition lui paraissait humiliante sans doute; mais elle servait son plan : arriver par les femmes. Il avait composé des vers et poussé des soupirs pour plus d'une grande dame, étant le secrétaire de son mari : hélas ! jusqu'alors, la muse et l'amour ne lui avaient servi qu'à se faire mettre à la porte.

La dernière qu'il eût aimée, c'était Mme Edwige Padhorska. Elle l'avait chassé sans même prendre l'avis de son mari qui se battait contre les Russes, presque sous les murs de Modlin.

Trompé dans ses projets amoureux et ambitieux, herr Stimmer voua une haine mortelle aux Polonaises. Après avoir usé sa dernière paire de bottes à battre le pavé, l'heureuse idée lui vint d'offrir ses services à la Russie. Il s'y mêlait un vague désir de vengeance qui lui chatouillait agréablement le cœur.

Le jour même où le colonel Worontzeff arrivait à Modlin pour y présider un de ces terribles tribunaux qui n'acquittent jamais, le bureaucrate était allé le trouver et lui avait dit :

« Je suis Allemand, et je déteste les Polonais; j'ai pris tous mes grades à l'université de ***

— As-tu une belle écriture? » lui demanda le colonel. Une pareille question dut profondément indigner le petit docteur en philosophie et autres sciences plus ou moins exactes ; mais il n'en laissa rien paraître; et comme il se sentait très-fort en calligraphie :

« Jugez-en vous-même, dit-il en montrant son savoir-faire au colonel, qui parut satisfait.

— Mais pourquoi détestez-vous les Polonais?

— D'abord, parce que je suis Allemand, ainsi que j'ai eu l'honneur de vous le dire.

— Ensuite?

— Parce que chez eux je n'arrive à rien; et je me sens quelque mérite, colonel.

— A la bonne heure! Mais vous êtes donc un traître?

— Moi, fit herr Stimmer avec un soubresaut de peur, je n'ai pas voulu tremper dans la révolte, et c'est à cause de cela que M. Padhorski m'a congédié.

— M. Padhorski, le mari de la belle Edwige? demanda vivement le colonel.

— Lui-même.

— Vous avez été son secrétaire?

— Oui, avant qu'il prît les armes contre le tzar.

— Et sa femme.... »

Mais la question demeura inachevée, et le colonel parut éprouver une émotion singulière.

Voyant les lunettes de l'Allemand curieusement braquées sur lui :

« C'est bien, lui dit-il, je vous prends à mon service. Vous aurez cinquante roubles par mois, et des gratifications, si je suis content de vous. Mais il ne s'agira pas seulement d'écrire, il faudra regarder aussi....

— Vous voulez dire espionner, dit le petit docteur en souriant avec complaisance.

— Ma foi, puisque vous avez trouvé le mot.... Et d'abord, mon cher monsieur, comment vous appelle-t-on? »

L'Allemand déclina ses nom, prénoms et titres.

« Eh bien, mon cher monsieur Stimmer, je vous

charge tout particulièrement de surveiller la maison de l'insurgé Padhorski. Je veux savoir qui y entre et qui en sort. »

Herr Stimmer s'inclina; le colonel le congédia d'un geste.

« Ah! un dernier mot! N'oubliez pas, je vous prie, qu'au moindre signe de trahison de votre part, je vous ferai fusiller. Au revoir, mon cher monsieur Stimmer. »

L'Allemand sortit plus blême encore qu'à l'ordinaire. Sa nouvelle position ne lui semblait guère plus enviable que l'ancienne. « Chassé d'un côté, fusillé de l'autre, » pensait-il; et il maugréait contre la destinée qui ne l'avait pas fait naître sur l'un des trente-cinq trônes de la Confédération germanique. « C'est égal, se dit-il, j'ai le pied dans l'étrier; avec du zèle et un peu de chance, j'arriverai! » Et déjà il se voyait conseiller d'État de S. M. l'empereur de toutes les Russies, la poitrine constellée de crachats. En caressant ce rêve doré, il se dirigea vers la grande place de Modlin, et alla s'attabler dans un café situé en face de la maison de l'insurgé Padhorski. Bientôt il en vit sortir un homme grand, maigre et sec, qui s'éloigna d'un pas rapide, en regardant partout autour de lui.

« Oh! oh! se dit herr Stimmer, entrant aussitôt en fonctions, voilà une figure suspecte. Cet homme n'est pas de la maison, et bien qu'il soit vêtu comme un simple artisan, je parierais qu'il porte des armes sous sa veste. Couchons-le sur nos tablettes, et suivons-le. »

Mais la prudence, qui est la fidèle maîtresse de tout Allemand, lui souffla à l'oreille : « Un coup de couteau est bien vite donné et reçu. » Herr Stimmer se rassit.

Plusieurs officiers russes entrèrent dans le café. Ils parlaient de Mme Edwige et de la visite que lui avait faite ce jour-là le colonel.

« Oh ! moi, dit l'un d'eux, je jurerais qu'il en est amoureux ; c'est la plus jolie femme que je connaisse.

— Il est bel homme aussi, ajouta un autre officier, et fort capable d'inspirer une passion à une Polonaise, si Russe qu'il soit.

— En effet, messieurs, dit herr Stimmer en se mêlant à la conversation, je connais beaucoup la dame, et je vous certifie qu'elle est plus coquette et plus tendre encore que patriote. »

Les officiers regardèrent le bureaucrate de travers.

« Oh ! je suis des vôtres, leur dit-il de l'air le plus aimable qu'il put prendre : j'ai l'honneur d'être le secrétaire particulier du colonel Worontzeff. »

Comme il déclinait emphatiquement son nouveau titre, l'homme qu'il avait vu sortir de la maison Padhorski lui toucha le bras.

« Herr Stimmer, lui dit-il avec une politesse légèrement ironique, voulez-vous me faire le plaisir de m'accorder un moment d'audience ?

— Mais je ne vous connais pas, objecta le petit docteur en se reculant.

— C'est pour une affaire touchant votre service, ajouta l'homme.

— Alors, c'est différent. »

Et l'Allemand suivit le Polonais, car il était facile de reconnaître sa nationalité à sa physionomie autant qu'à son costume.

Lorsqu'ils furent dans la rue :

« Herr Stimmer, dit le Polonais en raillant, je sais que Sa Majesté impériale et royale a acquis en vous, aujourd'hui, un digne et éminent serviteur. Je l'en félicite, et vous aussi. Quant au gouvernement national, voici ce qu'il me charge de vous dire : A la première dénonciation que vous ferez au colonel Worontzeff touchant les personnes qui entrent dans cette maison ou qui en sortent, on vous attachera avec un poignard votre arrêt de mort sur la poitrine. J'ai bien l'honneur de vous saluer, monsieur l'espion. »

Herr Stimmer, stupéfait, la bouche entr'ouverte, regarda le Polonais qui, en se moquant, le salua jusqu'à terre. Mais retrouvant enfin la voix :

« Coquin, lui dit-il, il y a là des officiers, et je vais te faire arrêter.

— Un cri, un geste, lui répondit tranquillement l'autre, et j'aurai la satisfaction, misérable, de te poignarder moi-même. »

L'Allemand se tut. Il vit son antagoniste s'éloigner du pas d'un homme qui se promène. « Si je n'étais pas docteur en philosophie, pensa-t-il, je croirais vraiment que ce coquin est sorcier. Comment sait-il que je suis chargé d'espionner cette maison? Cela tient de la magie. Et cette visite du colonel à Mme Edwige? En serait-il amoureux? trahirait-il aussi, lui? Ah! maudit pays! fusillé par ici! poignardé par là! des femmes qui n'aiment pas, des rebelles, des traîtres, du sang partout! »

Herr Stimmer regagna son logis en faisant les réflexions les plus lugubres. Il se mit au lit, mais ne s'endormit pas. Il se voyait le jouet et la victime de quelque sombre complot dont les inextricables nœuds n'eussent pu se former ailleurs que dans les profondeurs insondables d'une cervelle germanique.

II

Il peut sembler extraordinaire qu'une visite faite par un officier russe à une dame polonaise fît supposer entre eux une intimité condamnée à la fois par la morale et par le patriotisme. Ce soupçon, si outrageant pour Mme Padhorska, et compromettant même pour le colonel, grandit pourtant le lendemain. On apprit que la belle Edwige avait invité à dîner le président de la cour martiale, et que celui-ci s'était rendu avec empressement à cette invitation.

« Elle ne l'a pas empoisonné ? demandèrent beaucoup de femmes à leurs maris avec une surprise qui, chez la plupart, n'était pas jouée.

— Non, répondaient les maris, transportés d'admiration, le colonel est sorti de table sain et sauf, et l'on assure même qu'au dessert, la belle Edwige lui a donné sa main à baiser. Les domestiques sont scandalisés, et plusieurs vont quitter la maison aujourd'hui même. »

De bons patriotes parlaient de donner un charivari à la coupable ; d'autres proposaient de la dénoncer au tribunal révolutionnaire. Au milieu de la réprobation générale, elle ne comptait plus guère qu'un seul défenseur : c'était l'homme qui, la veille, avait si bien rivé son clou à herr Stimmer.

« Méchantes vipères, s'était-il écrié en passant près d'un groupe de commères qui taillaient des bavettes dans un coin de la place, Mme Edwige est une bonne patriote et une honnête femme. Mordez-vous la langue plutôt que de dire le contraire, ou l'on pourrait vous la couper. »

Et il avait passé outre, en leur faisant un geste de menace.

« Une honnête femme !... Comme si on ne connaissait pas l'histoire de ses amours ! Quant à être une bonne patriote, il faut que ce soit quelque espion russe pour vouloir nous le faire accroire. »

La plus incorrigible des commères parlait ainsi ; les autres, plus prudentes, opinèrent du bonnet dans le sens affirmatif.

Quelles étaient donc ces amours de la belle Edwige, comme on l'appelait depuis qu'elle avait quinze ans.

En 1853, un jeune et beau capitaine de la garde impériale faisait tourner la tête à toutes les dames de Modlin, aux Polonaises comme aux Russes ; car l'amour est un autre tzar qui ne reconnaît pas le principe des nationalités. Quand dans les crises nationales, accompagnées d'explosions violentes, la passion politique l'emporte sur toutes les autres dans l'âme des femmes, alors seulement elles bravent impunément, dit-on, les traits de l'arc redoutable aux mains de l'oppresseur étranger. Quel peuple n'a vu l'une de ses filles sacrifier sur l'autel de la patrie un amant à la fois adoré et abhorré ? Mais il y a dix ans, malgré que la haine des Russes fût toujours profonde au cœur des Polonais, elle s'y était comme engourdie sous le poids même des chaînes forgées par Nicolas. La lutte ouverte avait cessé depuis un quart de siècle. On souffrait, on se plaignait, mais on chantait aussi, et l'on dansait à Modlin comme à Varsovie. Or, le plus élégant et le plus infatigable de tous les danseurs de Modlin, c'était le beau capitaine russe. Les jeunes filles rougissaient de plaisir quand il s'approchait d'elles, pour les inviter à danser. Les jeunes femmes les plus sages ou les plus prudentes risquaient souvent une œillade irrésistible, rien que pour se donner l'innocent triomphe de valser avec lui ; car il n'invitait que les plus charmantes, et ses danseuses favorites devenaient les reines du bal.

D'ailleurs, il avait d'autres séductions que sa belle figure martiale et son talent de danseur. A la force du lion s'alliaient en lui des grâces félines; il rentrait ses griffes et faisait admirablement patte de velours. Ce n'était pas qu'il ne fût doué de sentiments généreux; mais la violence de sa nature devait, à certaines heures, l'entraîner jusqu'à la cruauté aveugle. Si les femmes l'admiraient, les hommes le redoutaient. Au reste, dans la vie ordinaire, il savait, grâce à une éducation raffinée, tenir ses emportements en bride. Son esprit, fin, prompt et souple, se jouait au milieu des entretiens les plus variés, passant avec une aisance singulière de la gaieté communicative à l'attendrissement sincère ou à l'ironie acérée. Beau, spirituel, audacieux, généreux ou terrible, c'était un Parisien greffé sur un Tartare. Un pareil homme devait rencontrer peu de cœurs inaccessibles dans un pays que l'on a justement appelé la France du nord. Ni les Anglaises, ni les Allemandes, ni les Russes, quoi qu'on en ait dit, ne possèdent ces grâces similaires, ces affinités d'esprit et de cœur qui font des femmes de Pologne des Françaises et de véritables Parisiennes. A l'heure présente, les Polonaises ont de plus qu'elles toutes l'amour patriotique exalté jusqu'au sublime; la plus belle page leur appartient au livre d'or de l'héroïsme féminin.

Parmi celles que la nature a le plus richement dotées de ce charme merveilleux qui fait de certaines femmes les reines du monde, brillait, en 1853, Edwige, la fille d'un grand banquier de Modlin. Elle avait alors seize ans, et son entrée dans le monde fut un véritable triomphe. Dès le premier bal où elle parut, ayant quitté la veille sa robe de pensionnaire, les femmes lui décernèrent sans combat le sceptre de la beauté. Les tresses brunes de son inépuisable chevelure couronnaient son front d'un magnifique diadème. Dans ses yeux gris, limpides et doux, rayonnait une âme naïve et passionnée, ignorante des larmes, aspirant à toutes les ivresses. Elle était la plus gaie, la plus vive, la plus séduisante aussi. Sa taille, fièrement cambrée, ses lèvres rouges, son teint chaud, sa physionomie mobile, son rire sonore, annonçaient en elle toutes les énergies. Une candeur adorable jetait sur cette exubérance de vie je ne sais quel éclat divin. Delacroix n'eût pu trouver un plus parfait modèle, s'il avait voulu peindre la déesse de la jeunesse.

Au bal que donna son père pour son entrée dans le monde, le lion de Modlin dansa trois fois avec elle ; il en tomba éperdument amoureux. Pendant une semaine, il ne fut parlé que de cela.

« As-tu remarqué, maman, que le capitaine a dansé trois fois avec la belle Edwige?

— Sans doute, et je suis bien aise que ce ne soit pas avec toi : quand un galant homme s'éprend d'une jeune personne, il évite de la compromettre de la sorte.

— Oh! c'est un Russe, maman, et je ne voudrais l'épouser pour rien au monde. »

Les amis du capitaine lui disaient :

« Cette fois, mon cher, tu es pris, toi, qui as fait tant de victimes. T'aime-t-elle, au moins? Peste! elle serait difficile, la coqueluche de toutes ces dames! »

Worontzeff ne leur répondait pas, mais il souriait. La belle Edwige l'aimait-elle? le savait-il? Les bonnes grand'mères qui n'avaient pas de petites-filles à marier disaient :

« Ils s'aiment, il faudrait les marier ensemble. Quel beau couple, et qu'ils auraient de beaux enfants! »

A cela les vieilles filles objectaient :

« Le banquier ne donnera pas Edwige à ce traîneur de sabre. Il est joli garçon, mais il n'a que sa solde, et ce n'est pas assez pour épouser une si riche héritière. Le capitaine est Russe, d'ailleurs, et le banquier est trop bon patriote pour s'allier à nos ennemis. Il y perdrait, du reste, les trois quarts de sa clientèle. »

Pendant tout l'hiver, le capitaine dansa avec Edwige qu'on lui disputait en vain. Elle trouvait moyen de lui réserver autant de valses, polkas, mazurkas et quadrilles qu'il en désirait; et pour tout œil un peu perspicace, il était aisé de voir, lorsqu'ils se lançaient dans les tourbillons, que leurs yeux se parlaient, que leurs cœurs se répondaient, et qu'il n'y avait plus qu'eux au monde, l'un pour l'autre.

Au printemps de 1854, le lion de Modlin, entièrement dompté par l'amour, demanda Edwige en mariage; le banquier lui répondit :

« Votre demande m'honore infiniment; je vous tiens pour un galant homme; ma fille me dit le plus grand bien de vous.... Je regrette de ne pouvoir vous la donner. Ce n'est pas que votre peu de fortune soit un obstacle; mais vous êtes Russe, monsieur, et les vôtres ont égorgé mon père en 1830. Il n'y a pas d'alliance possible entre nous. »

Le capitaine s'éloigna la mort dans l'âme, et bientôt après il partit pour le Danube, où la guerre venait d'éclater. Edwige ne se plaignit ni à son père ni à personne; mais sa gaieté disparut. Et il faut croire qu'elle connut les larmes, car ses yeux, si brillants, perdirent leur éclat, et ses joues, si roses, pâlirent.

Cet hiver-là, elle n'alla à aucun bal, ce qui fit dire aux bonnes langues qu'elle portait le deuil du beau capitaine. Le bruit courait qu'il avait été tué par les Turcs.

L'année suivante, Edwige fit un mariage de convenance : elle épousa un de ses parents éloignés, le brave Padhorski, comme on disait à Modlin depuis qu'il tenait la campagne contre les Russes. C'était un excellent homme, bon époux et bon père, mais qui n'avait rien de ce qu'il eût fallu pour substituer dans l'âme d'Edwige son image à celle du brillant capitaine. La jeune femme vivait très-retirée, et entièrement vouée à l'éducation de deux enfants nés de cette union désenchantée, pour elle du moins, car Padhorski n'avait pu vivre un jour dans le rayonnement de cette belle et charmante créature sans l'adorer. Les années s'écoulèrent ainsi paisibles sinon heureuses pour Edwige, à qui son rêve éblouissant, mais sitôt évanoui, ne semblait avoir laissé qu'une douce mélancolie. Rien en apparence ne troublait la sérénité de son âme. Était-elle aussi calme, aussi résignée à sa vie terne qu'elle le paraissait, lorsque, un enfant à chaque main, elle marchait toujours souriante, plus belle et plus admirée que jamais, dans les rues de Modlin? Qui aurait pu le dire? Le savait-elle? Là-dessus, personne ne l'interrogeait, et Edwige ne s'interrogeait pas elle-même.

Lorsque éclata l'insurrection nationale, on la vit aller aux portes de la ville secourir les blessés sous le feu de l'ennemi, avec un courage si stoïque qu'il ressemblait au dégoût de la vie. Un peu plus tard, quand elle apprit que le colonel Worontzeff, revenu en Pologne, s'acquittait de sa mission de haut justicier avec un acharnement féroce :

« Oh ! ce n'est pas lui, » pensa-t-elle.

Mais il fut envoyé à Modlin comme président de la cour martiale. Elle l'aperçut de sa fenêtre, un jour qu'il traversait la grande place :

« O mon Dieu ! s'écria-t-elle, lui si brave et si généreux, comment a-t-il pu se résoudre à ce métier de bourreau ! »

Et elle demeura longtemps la tête cachée dans ses mains, toute à ses souvenirs, en proie à des émotions violentes et douces à la fois.

Ceci arrivait une semaine environ avant la fameuse visite du colonel à Mme Padhorska. Maintenant il paraîtra moins extraordinaire qu'un fait si simple soulevât tant de rumeurs dans une ville de garnison, et compromît la réputation d'une femme estimée.

III

Pourquoi la belle Edwige avait-elle reçu Worontzeff, et pourquoi surtout l'avait-elle invité à dîner ? A cette double question que se posaient les mieux intentionnés à l'endroit de la jeune femme, quelqu'un eût pu répondre : c'était l'homme qui avait si merveilleusement refroidi le zèle de herr Stimmer poursuivant la Fortune au service des Russes.

Peu d'heures avant la visite du colonel, il s'était présenté chez Mme Edwige, qui l'avait reçu dans son oratoire.

« Puis-je parler? avait dit l'homme en interrogeant les tapisseries et les murs d'un œil plein de défiance; mes paroles sont dangereuses pour vous.

— Nul autre que moi ne saurait vous entendre ici; mais qui donc êtes vous?

— Je viens, dit l'inconnu, au nom de ceux qui ont le droit de disposer de ma vie et de la vôtre. »

Il fit un signe dont la belle Edwige appréciait sans doute la valeur, car elle s'inclina avec respect.

« Je vous écoute, dit-elle.

— Permettez-moi, madame, d'aller droit au but, et veuillez ne pas vous offenser si je remplis d'une manière un peu brusque la mission très-délicate dont je suis chargé auprès de vous. Quand il s'agit de la patrie, toute autre considération s'efface.

— Oui, monsieur, répondit Edwige simplement.

— Il y a dix ans, le colonel Worontzeff a demandé votre main? »

Sa pâleur, cette fois, fut sa seule réponse.

« Eh bien! madame, le colonel, depuis qu'il vous a revue, est follement épris de vous.

— Monsieur, fit Mme Padhorska en se levant, ce sont là des révélations que je ne dois pas entendre.

— Veuillez ne pas oublier, madame, reprit l'inconnu d'un ton brusque et sévère, que je ne fais ici que vous transmettre les ordres de ceux qui ont le droit de vous en donner. »

La belle Edwige se rassit.

« Donc le colonel est redevenu amoureux de vous. »

Elle devint plus pâle encore.

« Mais cette passion, dont ne saurait s'alarmer une honnête femme et une bonne patriote, peut devenir entre vos mains un utile instrument pour la cause nationale.

— Qu'attendez-vous de moi? s'écria-t-elle épouvantée.

— Rien dont puisse souffrir votre honneur, du moins devant Dieu, devant nous et devant vous-même.

— Mais encore, fit Edwige haletante, parlez, que voulez-vous ?

— Aujourd'hui, le colonel viendra vous rendre visite.

— Lui! aujourd'hui? Comment le savez-vous?

— Nous savons tout ce que nous voulons savoir. Ce matin, il marchait avec agitation dans son cabinet de travail, et il se disait, se parlant à lui-même : « Oui, je la verrai, je la verrai aujourd'hui j'irai chez elle, c'est décidé! Quoi qu'il arrive, je la verrai! »

— Eh bien? demanda-t-elle, le regard fixe et les mains crispées.

— Vous le recevrez, madame.

— Jamais! et ma réputation! ne sait-on pas?... »

Elle s'arrêta, ne voulant pas dire : ne sait-on pas que je l'ai aimé!

« Je sais, moi, dit l'inconnu, que tel est l'ordre, et que devant l'intérêt du pays toute autre considération s'efface.

— J'obéirai, dit-elle, et elle baissa la tête pour cacher une subite rougeur.

— Votre mari a été averti par moi que cette mission vous est confiée. Il m'a chargé de vous dire que, plein d'amour et de respect pour vous, il approuvait d'avance ce que tenterait pour le bien du pays sa vertueuse et fidèle compagne.

— Mais, demanda Edwige, un peu remise de son troublé involontaire, que lui dirai-je à ce.... bourreau?

— Vous l'accueillerez en ami, vous lui direz que vous regrettez une guerre fratricide, vous vous apitoierez sur le sort des soldats russes comme sur celui des insurgés polonais, vous invoquerez sa clémence pour les prisonniers; en un mot, vous vous montrerez sensible, frivole et même coquette.

— Mais il sait que je ne suis ni coquette ni frivole.

— Il n'a pu oublier que vous.... »

L'homme aussi s'arrêta court.

« Ah! ne craignez pas de le dire! oui, je l'ai aimé! mais à présent, je le hais, je l'abhorre, ce Russe couvert du sang des nôtres. Ah! vraiment, continua-t-elle en s'exaltant, j'étais folle de redouter la tâche que vous m'offrez. Et s'il m'aime encore, j'en ferai ma créature, je vous le livrerai corps et âme! Est-ce là ce que vous attendez de moi?

— Oui, dit l'inconnu.

— Veut-on avec son aide s'emparer de Modlin?

— J'ignore pour quels projets on vous charge d'en faire un traître; mais quand le moment sera venu, je recevrai des ordres, et vous les exécuterez.

— C'est bien, dit la belle Edwige, répondez à ceux qui vous ont envoyé ici, que je suis prête à sacrifier pour le pays ma bonne renommée de femme. »

Le Polonais s'inclina avec respect devant elle et sortit.

IV

A deux heures de l'après-midi, le colonel Worontzeff se présenta à la maison de la grande place, et fit remettre sa carte à Mme Padhorska.

Edwige attendait sa visite, assise près d'une fenêtre. Elle tenait un livre à la main pour se donner une contenance, car il lui eût été impossible de lire. Lorsqu'elle jetait les yeux sur une page, les caractères semblaient grandir démesurément; elle était obligée de porter son regard ailleurs pour ne pas être prise de vertige. Une émotion profonde et indéfinissable s'était emparée d'elle, et par moments un frisson douloureux la parcourait toute.

Elle le vit déboucher sur la place et se diriger vers sa maison. Son premier mouvement alors fut de s'élancer vers une sonnette pour faire répondre au colonel qu'elle n'était pas visible; mais elle demeura à sa place, le visage décoloré et les mains glacées, car tout son sang lui refluait au cœur.

« Mon Dieu, mon Dieu, dit-elle avec angoisse, donnez-moi la force et le courage de faire ce qu'on exige de moi. »

Le colonel entra et la salua sans mot dire. Elle lui rendit son salut, en l'enveloppant d'un rapide regard, plus incompréhensible qu'une énigme du Sphinx. Exprimait-il la haine ou l'amour, la menace ou la pitié? Tout cela peut-être, tout, hormis l'indifférence.

Ah! combien il était changé! Dix années avaient emporté, avec la jeunesse du visage, la générosité, cette jeunesse de l'âme. La croyance à l'amour et au bonheur, qui se révèle dans un sourire, avait fait place à un amer scepticisme, imprimé en traits d'ironie aux coins de chaque lèvre. Il avait toujours grande mine, mais sa taille s'était légèrement voûtée et affaissée. Des fils blancs se mêlaient à sa chevelure noire, jadis épaisse comme la crinière d'un lion, et maintenant éclaircie sur le front et sur les tempes. Enfin, toutes les passions déchaînées avaient gravé leur stigmate sur ses traits flétris que les emportements de sa nature violente, depuis longtemps abandonnée à elle-même, tordaient en des contours d'une implacable dureté.

En revoyant ce terrible adversaire, la belle Edwige retomba sur son fauteuil.

« Madame, dit le colonel d'une voix qui contrastait par sa douceur avec cette sombre physionomie, j'ai voulu vous présenter mes hommages et vous offrir ma protection. »

La voix, du moins, avait survécu au désastre; c'était bien la même qui jadis avait fait battre le cœur de la jeune fille. La Polonaise le sentit, et s'indignant contre ce qu'elle éprouvait, elle releva la tête et regarda bravement son ennemi en face.

Il la dévorait d'un regard ardent qu'elle ne put soutenir. Elle y sentit l'amour, non plus cet amour si respectueux et si tendre qui l'avait touchée et qu'elle avait partagé, mais le désir effréné qui ne recule devant rien pour se satisfaire.

« Colonel, dit-elle en s'efforçant de sourire, soyez le bienvenu dans ma maison. »

Et elle lui tendit sa main; il y imprima des lèvres brûlantes.

Mme Padhorska se sentit défaillir.

« Merci, madame, dit-il en se redressant, je n'osais espérer, je l'avoue, un aussi bon accueil.

— Et pourquoi donc? Je ne suis pas, croyez-le bien, ajouta la Polonaise en rougissant de son mensonge, de celles qui approuvent une guerre fratricide. Les Polonais et les Russes sont Slaves : au lieu de s'entr'égorger, ils devraient s'embrasser comme des frères.

— Ce n'était pas votre avis en 1854, objecta le colonel avec amertume.

— Je ne partageais pas, dit-elle sincèrement, les opinions politiques de mon père, ou plutôt je n'en avais point.

— En vérité ! » fit-il en se rapprochant de la jeune femme ; et ses traits s'adoucirent, et le ravissement y remplaça l'ironie, au souvenir de cet amour profond, le seul qu'il eût éprouvé jamais.

Edwige le regarda avec surprise, avec attendrissement. « Le malheureux ! lui criait son cœur, si tu l'avais épousé! » Mais ce ne fut qu'un éclair. La Polonaise entendit sa conscience lui dire : « C'est l'ennemi de tes frères. »

La grimace sceptique reparut aussitôt sur les lèvres du colonel.

« Donc vous êtes des nôtres? reprit-il avec ironie, et vous désapprouvez votre cher mari, le brave Padhorski, qui se bat contre nous? »

Edwige le regarda avec une sorte de stupeur. Était-ce celui qu'elle avait connu si noble et si généreux, qui abusait de son pouvoir jusqu'à lui tenir ce cruel langage? Il comprit ce qui se passait en elle, et quelle désillusion il lui apportait. Alors, par un brusque retour :

« Ah! Edwige, soyons francs l'un vis-à-vis de l'autre. Si je pouvais croire que vous êtes sincère et que vous m'accueillez en ami, je serais capable de briser mon épée et d'envoyer ma démission au tzar, car j'en ai assez de ce sanglant métier! Ce n'est pas que j'aime vos Polonais : ce sont des fous, ou plutôt des niais qui sacrifient aux aristocrates tout l'avenir de la démocratie slave. S'ils avaient voulu faire alliance avec nous, la Russie, avant un quart de siècle, eût fait la loi à toute l'Europe.

— Je n'entends rien à la politique, colonel, dit Edwige en riant du bout des lèvres.

— Ah! c'est vrai, pardonnez-moi ; j'ai besoin de me justifier à vos yeux. Vous me trouvez bien changé, n'est-ce pas? Je n'ai pas quarante ans, et j'ai l'air d'un vieillard....

— Vous ne pensez mot de ce que vous dites, exclama Edwige en jouant la coquette.

— Non, je ne suis plus le même, Edwige, continua-t-il avec un accent d'amère tristesse qui fit malgré elle tressaillir la jeune femme. Le refus de votre père a détruit ce qu'il y avait de meilleur en moi. Je vous aimais éperdument, et cet amour était ma sauvegarde contre toutes les mauvaises passions. Une faible jeune fille, presque une enfant, me faisait trembler comme une feuille au vent, moi dont aucun homme n'osait affronter la colère, et qui n'eusse pas reculé devant tout un régiment. Avec un sourire vous m'eussiez conduit dans la vie comme un chien docile ; mais en vous perdant, Edwige, j'ai perdu mon ange gardien. Je suis devenu dur, cruel, et voilà pourquoi je remplis maintenant les terribles fonctions qui me font pour vous un objet d'horreur. »

Edwige, vivement émue, fit un geste de dénégation. En dépit d'elle, des larmes montaient de son cœur à ses yeux.

« Oh! vous êtes bonne, s'écria-t-il, et vos yeux humides me disent que vous avez pitié de moi; mais vous êtes Polonaise, et quoi que je dise ou fasse, je ne suis plus qu'un bourreau devant vous. »

Ce mot la rappela à son rôle.

« Parlons de choses plus gaies, dit-elle. Je n'ai pas le droit de vous juger; vous êtes au service du tzar, et vous remplissez selon votre conscience le mandat qu'il vous confie. Venez me voir quelquefois. En Polonaise, je me ferai l'avocat de vos accusés. Je gagnerai leur procès, sinon à tous, du moins à quelques-uns. »

Le colonel l'écoutait avec une surprise croissante. La confiance et le doute luttaient dans son esprit. Elle continua avec un abandon si merveilleusement joué, que je ne sais, en vérité, s'il n'était pas naturel et sincère :

« Je vous protégerai contre vos propres violences, je vous rendrai plus doux et plus humain, généreux comme autrefois. Je redeviendrai votre ange gardien. »

Puis avec un sourire qui eût ravi, transporté un indifférent :

« Prouvez-moi que vous êtes mon ami, lui dit-elle, en venant dîner demain avec moi.

— Soit ! » répondit-il brusquement; car en ce moment il redoutait pour lui-même l'irrésistible séduction de cette Polonaise.

Il la salua presque froidement et sortit.

« Je l'aime, je l'aime toujours, se dit-il. Veut-elle me tendre un piége? Non, j'ai vu briller ses yeux comme autrefois. Je saurai pénétrer le fond de cette âme. Qu'Edwige me trahisse ou non, elle sera à moi ! »

V

Quand, le soir, l'homme du gouvernement national revint chez Mme Padhorska, il la trouva dans son salon, à la place même où l'avait laissée le colonel. S'il lui eût touché la main, il l'aurait sentie brûlante de fièvre; et si l'obscurité ne lui avait pas dérobé le visage de la jeune femme, il se fût aperçu que ses traits étaient bouleversés.

Un combat terrible se livrait depuis plusieurs heures dans l'âme de la belle Edwige ; les sentiments les plus violents et les plus contraires se la disputaient. Elle ne pouvait se dissimuler que celui qu'elle avait aimé exerçait encore sur elle un pouvoir extraordinaire. Était-ce de la haine? était-ce de l'amour?

« Oui, oui, c'est de l'horreur qu'il m'inspire, pensait-elle; mon émotion, mon trouble, c'est ma conscience qui les produit en se soulevant contre ce monstre, en lui reprochant tous ses forfaits! »

Et pourtant au plus profond d'elle-même parlait une voix douce et suave comme une céleste mélodie, une voix qu'elle voulait étouffer, mais qui la poursuivait obstinément comme le remords :

« Tu n'as pu le revoir sans pâlir et sans rougir, disait cette voix, tu t'es attendrie, tu as failli pleurer. Lorsque tu lui as dit que tu voulais le protéger contre lui-même et redevenir son ange gardien, tu as pensé que tu jouais la comédie. Détrompe-toi, tu étais sincère, et ce n'est pas lui que tu abusais, mais toi. Je parlais par ta bouche, moi, moi l'amour!.... Tu peux vouloir le mépriser et le haïr, mais il est ton maître, car tu l'aimes! »

Alors Edwige se révoltait avec un chaste et noble orgueil contre cette puissance occulte qui voulait s'emparer d'elle par la volupté.

« S'il est vrai que je l'aime encore, pensait-elle, n'aurai-je donc pas assez de vertu et de patriotisme pour défier une si indigne passion! En vérité, je suis folle de m'agiter ainsi. Peut-on revoir sans émotion le seul homme qu'on ait aimé? S'ensuit-il qu'on l'aime encore? N'ai-je pas bien joué la comédie? Ne me suis-je pas engagée à le livrer à ses ennemis? » Mais aussitôt elle sentait au cœur une étreinte douloureuse; et je ne sais quel mirage lui montrait le beau capitaine de la garde impériale qui l'invitait à danser, en attachant sur elle un regard d'amour. Et la lutte recommençait.

Quand l'homme du gouvernement national entra, elle voulut demander de la lumière:

« Non, dit-il, cela peut éveiller les soupçons de quelque espion.

— Ma maison est donc surveillée? demanda Edwige.

— C'est possible. Le colonel est au ciel, mais il garde quelque défiance. Peut-être avez-vous été un peu trop prompte en l'invitant à dîner pour demain.

— Quoi! vous le savez déjà, fit Edwige au comble de la surprise.

— Comme beaucoup d'hommes passionnés et violents, le colonel a la mauvaise ou plutôt la bonne habitude de se parler haut à lui-même; et puis il a un vieux domestique qui le sert depuis vingt ans, et qui est maintenant à nous. »

Elle ne put s'empêcher d'être indignée contre ce serviteur infidèle.

« Je suis revenu ce soir pour vous demander une clef de votre maison, reprit l'inconnu. Il faut que je puisse pénétrer jusqu'à vous à toute heure de nuit comme de jour, et à l'insu de vos gens.

— Mes gens me sont dévoués, et je réponds d'eux.

— Il est plus sage de ne se confier à personne. »

Mme Padhorska parut hésiter.

« A la bonne heure, reprit l'inconnu avec une ironie douce, vous suivez mon conseil à la lettre; mais, ajouta-t-il avec émotion, je ne suis personne, moi; je suis la chose de la patrie. S'il faisait jour, je vous montrerais les cicatrices des blessures que j'ai reçues pour elle en 1830. Si je remercie Dieu de n'y avoir pas succombé, ce n'est pas que je tienne à la vie, car je n'ai ni femme, ni enfants, ni famille, ni amis. Ma mère, ma sœur et mon amante, c'est la Pologne! me vouer à sa délivrance, mourir pour elle, voilà mon ambition et mon bonheur en ce monde. Les autres naissent poëtes, orateurs, musiciens ou rentiers; moi, je suis né patriote, c'est ma vocation et mon métier. Il faut que j'en vive jusqu'à ce que j'en meure. Après m'être battu, j'ai conspiré. On m'a jeté dans un cachot, puis on m'a déporté aux mines d'Asie. Nous ne sommes que deux ou trois qui en soyons revenus, à pied, à travers les déserts glacés, mangeant des raves et plus souvent des racines. Mais l'espoir de respirer l'air natal donne aux plus débiles une force surhumaine. Quand je suis revenu, il y a deux ans, on avait oublié jusqu'à mon nom, et, ma foi! je l'avais presque oublié moi-même. On m'a appelé le Polonais et cela m'a fait plaisir. »

La belle Edwige courut à lui, et lui prenant les mains :

« Noble martyr, dit-elle en les mouillant de ses larmes, pardonne-moi. Quand je compare ton âme à la mienne, je ne me sens pas digne de lever les yeux sur toi ; oui, quand je songe à ce que tu as fait, à ce que tu as souffert pour la patrie, je rougis de moi-même ; mais, ajouta-t-elle avec exaltation, l'avenir effacera le passé, mon dévouement prendra le tien pour modèle ; et si je me sentais faible ou lâche, je n'aurais qu'à penser à toi pour devenir capable de tous les sacrifices. »

Le Polonais serra la main d'Edwige sans rien dire, tandis qu'elle lui tendait la clef de sa maison. Il sortit, laissant la jeune femme calme, forte et souriante. En ce moment, le saint amour patriotique possédait tout son cœur.

VI

En s'éloignant de la maison de la grande place, le Polonais, on se le rappelle, avait été averti par un homme de sa police que herr Stimmer était allé poursuivre la Fortune chez les Russes et qu'il inaugurait ses honorables fonctions derrière la vitre d'un café.

L'avis charitable, mais peu encourageant, qu'il reçut alors du Polonais sur son service d'espion avait singulièrement refroidi le zèle du petit docteur qui s'était réfugié entre ses draps, au lieu d'aller faire son rapport au colonel. Nous l'avons laissé en proie à une sorte de cauchemar où il s'appliquait, disions-nous, à débrouiller les inextricables nœuds d'un complot dont il s'imaginait être l'instrument et la victime.

Jugez de sa frayeur lorsqu'au milieu de la nuit, il entendit heurter à sa porte. Son premier mouvement fut de se cacher sous sa couverture.

« *Herr mein Gott!* se dit-il, c'est un de ces coquins qui vient m'assassiner. Je n'ai pourtant pas fait mon rapport au colonel. »

On frappa de nouveau et plus énergiquement.

« Laissez-moi en paix, fit-il d'un accent où tremblaient toutes les notes de l'épouvante.

— Ouvrez! répondit une voix rude et qui ne tremblait pas.

— A moi! au secours! cria herr Stimmer en se jetant hors de son lit.

— Ouvrez! ou j'enfonce la porte. »

Le petit docteur se glissa sous la paillasse.

« Mais mille diables! c'est de la part du colonel.

— Du colonel? demanda l'Allemand en avançant un peu la tête.

— Hé! oui! du colonel, mille millions de tonnerres!

— Que ne le disiez-vous tout de suite! »

Et, sortant entièrement de sa cachette, le vaillant garçon allongea la main vers la porte pour en tirer les verrous. Mais d'abord :

« *Ter Teufel!* fit-il en grossissant sa voix; est-ce bien vrai au moins ce que vous dites?

— En voilà assez, bonsoir! je ne suis pas chargé de porter la réponse; vous trouverez devant la porte l'ordre écrit du colonel. »

Herr Stimmer entendit un bruit de pas qui s'éloignait. Il respira. Ayant allumé une bougie, il entr'ouvrit prudemment la porte de sa chambre, et releva le pli cacheté que l'ordonnance du colonel avait déposé là; le contenu en était fort laconique: « Venez, j'ai besoin de vous. »

Il s'habilla à la hâte et se mit à courir vers le logis de son nouveau maître, non sans regarder plus d'une fois derrière lui. Mais à mesure qu'il avançait, une autre peur encore que celle qui le talonnait le prenait aux cheveux.

« De quelle besogne veut-il donc me charger au milieu de la nuit? ne pouvait-il attendre jusqu'au jour?... Hé! qui va là?... Imbécile! j'ai eu peur de mon ombre.... S'il savait qu'un homme est entré dans la maison Padhorska.... on a pu me voir parler à ce Polonais que le diable emporte! au moindre indice de trahison, fusillé!... Le colonel m'a prévenu, et il ne plaisante guère; mais alors je cours au-devant des balles! en joue! feu! Amen! comme disent les catholiques.... O déplorable idée que j'ai eue de venir dans ce maudit pays où les femmes n'aiment pas, et où la mort gouverne.... Allons donc! je perds la tête, si le colonel me savait fautif, il ne m'eût pas dépêché un exprès, mais des agents de police. »

En devisant de la sorte avec lui-même, le plus blême et le plus couard de tous les pieds-plats d'Allemagne arriva jusqu'au cabinet du colonel Worontzeff. Il gratta timidement :

« Entrez ! » fit une voix menaçante.

Herr Stimmer faillit s'évanouir en entrant. Il se tint debout, contre le mur, les yeux baissés.

Le colonel marchait avec agitation; il lui échappait par moments des soupirs, des exclamations de colère et même une sorte de rugissement.

« On me tend un piége! elle est capable de m'empoisonner demain; les femmes ici sont nos plus terribles adversaires : elles nous tuent avec un sourire. Malheur! malheur! si je suis joué! Je me tiendrai sur mes gardes; et, d'ailleurs, j'aurai un ôtage.... une bonne inspiration, ma foi! Mais il ne viendra donc pas ce....

— Hum! fit herr Stimmer assez à temps pour éviter l'apostrophe.

— Ah! c'est vous?

— A vos ordres, colonel.

— Y a-t-il longtemps que vous avez quitté le service de Padhorski?

— Deux mois environ.

— Vous vous êtes, m'avez-vous dit, séparé de lui avant sa rébellion.

— Oui, balbutia l'Allemand qui sentait en ce moment critique sa fortune aussi compromise chez les Russes que chez les Polonais.

— Padhorski n'a donc pris que depuis deux mois les armes contre nous? »

A cette question, le petit docteur ne répondit que par un signe affirmatif, comme si elle lui eût coupé la langue.

« Ah! fit le colonel en attachant sur lui un regard plein de défiance; je pensais, moi, que le brave Padhorski s'était insurgé dès les premiers jours de février, et nous sommes à la mi-juillet. J'ai là un rapport officiel qui le constate. »

Herr Stimmer laissa tomber sa tête sur sa poitrine; il se sentait perdu sans ressources.

« Mon cher monsieur Stimmer, vous êtes un petit

cuistre d'Allemagne, et vous vous risquez à jouer au plus fin avec moi ! »

Le colonel tira sa montre :

« Je vous donne cinq minutes pour vous justifier et m'expliquer pourquoi vous m'avez menti effrontément, pourquoi vous avez quitté le service de Padhorski, pourquoi enfin vous avez voulu entrer au mien. Si, au bout de ce temps, vous ne m'avez pas satisfait sur ces trois points, vous serez jugé et fusillé au point du jour, mon cher monsieur Stimmer.

— Grâce ! grâce ! fit-il en se jetant à genoux ; je vous dirai tout, colonel !

— Ah ! il y a donc quelque chose? Parlez, et surtout soyez bref. »

Le président de la cour martiale se croisa les bras devant l'espion qui demeura à genoux.

« Je ne me suis pas séparé du brave Padhorski parce qu'il est Polonais, balbutia le petit docteur, mais parce que j'aimais la belle Edwige. Je lui ai déclaré mon amour, et elle m'a mis à la porte. »

Le terrible magistrat fut pris d'un fou rire.

« Vous riez, colonel, vous ne me croyez donc pas ; c'est pourtant la vérité toute pure.

— Ah ! ah ! ce pauvre cher monsieur Stimmer ; il aimait la belle Edwige et elle l'a mis à la porte. »

Et le colonel riait à gorge déployée.

« Elle est fort séduisante, continua le céladon

germanique en reprenant un peu courage. Votre Excellence ne le sait-elle pas aussi bien que moi?

— Oui, dit le colonel en ne riant plus.

— Il n'y a donc rien que de très-naturel à ce que, vivant dans sa maison et la voyant à chaque instant du jour, je sois tombé amoureux fou d'elle.

— Sans doute.

— Mais c'est la plus coquette des femmes, et son cœur est plus froid que le marbre.

— Ah! vraiment?

— Après m'avoir témoigné une bienveillance.... excessive, dit herr Stimmer en appuyant sur le dernier mot, elle m'a chassé comme un laquais.

— Et elle a bien fait, s'écria le colonel, les yeux flamboyants et les poings levés, car tu n'es qu'un misérable! Tu baves comme un chien galeux sur la plus pure et la plus noble des femmes! »

Sous ce dernier coup du destin, l'Allemand, toujours à genoux, tomba en avant sur ses mains comme pour mieux mériter l'injure.

« Oh! tu peux te relever maintenant, je te crois. »

Et Worontzeff ajouta avec une froide ironie :

« Ne crains pas que j'afflige, par ton supplice, cette pauvre humanité qui a pu produire une méchante bête comme toi. »

Herr Stimmer voulut baiser la main de son juge clément; mais celui-ci la retira comme s'il eût senti un reptile.

« Allons, debout! » fit le colonel, pour échapper au dégoût d'une si parfaite abjection. Le petit docteur ne se le fit pas répéter.

Pour la première fois de sa vie peut-être, son sang circula rapidement dans ses veines. Il devint d'un joli rose tendre.

« As-tu exécuté mes ordres?

— Oui, colonel.

— Eh bien? »

L'espion regarda autour de lui avec des yeux épouvantés; son visage redevint subitement livide. « Si je ne suis pas fusillé, je serai poignardé : » voilà ce qui traversa comme une flèche l'esprit de ce pauvre herr Stimmer, pour qui la Fortune se montrait décidément impitoyable.

« Me répondra-t-il? fit le colonel en frappant du pied.

— Oui, » dit l'espion, pour parer au danger le plus imminent. Et se résignant à la franchise, qui déjà lui avait sauvé la vie : « J'ai vu, continua-t-il en baissant la voix, j'ai vu ce soir un homme à mine suspecte sortir de la maison Padhorska.

— Un des serviteurs, peut-être?

— Non, je les connais tous.

— Ah!... »

Le colonel se remit à marcher à grands pas; son visage était devenu plus menaçant et plus sombre.

« Tu as suivi cet homme?

— Vous ne m'en aviez pas donné l'ordre. »

Son Excellence s'arrêta brusquement devant herr Stimmer, et, d'un regard acéré, le transperçant d'outre en outre :

« Pourquoi, lui demanda-t-il, ne m'as-tu pas fait ton rapport sur-le-champ? »

Le patient lui répondit de l'air d'un enfant qui rit aux anges :

« Parce que cet homme est venu m'avertir que; au premier mot de dénonciation, on me clouerait, avec un poignard, mon arrêt de mort sur la poitrine. »

Le président de la cour martiale réfléchit un instant.

« Tout cela est possible, dit-il; mais vous ne trouverez pas étrange, mon cher monsieur Stimmer, que vos déclarations me soient quelque peu suspectes. Aussi, veuillez trouver bon, je vous prie, que je vous soumette à une légère épreuve, qui décidera non-seulement de votre sort, mais aussi de votre fortune. »

L'Allemand ouvrit de grands yeux et soupira comme pour se soulager d'un poids considérable.

« Une dernière question, reprit le colonel. Padhorski sait-il que sa femme vous a mis à la porte?

— Je suis à peu près sûr du contraire. Mme Edwige n'a pas même cru devoir consulter son mari dans cette circonstance. »

Son Excellence ne put s'empêcher de sourire. Herr Stimmer crut voir l'arc-en-ciel.

Le colonel parcourut des yeux divers papiers épars sur son bureau.

« J'apprends, dit il, par des espions plus fidèles et plus zélés que vous, que le brave Padhorski campe ce soir avec sa bande près du village de Nosiobsk, à une lieue à peine de Modlin. Je pourrais le faire cerner par un bataillon, mais j'ai conçu un autre plan, et je vous en confie l'exécution. »

Il parlait ainsi avec une sorte de bonhomie railleuse qui donna la peau de poule à l'Allemand.

« Je vous charge d'une mission auprès du brave Padhorski.

— D'une mission.... politique?

— Oui.... et matrimoniale. Vous allez sur l'heure vous rendre à son camp; vous lui direz que sa femme vous envoie vers lui pour le ramener secrètement à Modlin, à propos d'une affaire qui intéresse au plus haut point la cause polonaise. En guise de preuve, vous lui montrerez un double sauf-conduit que je vais vous remettre avec les noms en blanc. Vous ajouterez que Mme Padhorska les a réclamés et obtenus aujourd'hui même du colonel Worontzeff.

— Mais, objecta timidement herr Stimmer, s'il découvre le piége, il me fera fusiller; si par hasard Mme Edwige lui avait tout appris....

— C'est affaire à vous! Et à moins que vous ne préfériez les balles russes aux balles polonaises....

— Je ne serais pas étonné du tout, interrompit l'Allemand avec des larmes dans la voix, qu'à votre porte même un poignard ne mît fin du même coup à ma mission et à ma vie.

— Soyez tranquille, mon cher monsieur Stimmer, je vais vous faire accompagner par des gens à moi, qui ne vous perdront pas de vue, qui ne permettront pas qu'on attente à votre précieuse vie, et qui vous épargneront même la peine de fuir vos ennemis. Il est deux heures après minuit; faites que Padhorski soit à Modlin avant six heures. Allez et vous serez récompensé selon vos mérites : une gratification ou bien.... vous me comprenez?

— Oui.

— Et s'il vous prenait fantaisie de rentrer au service de votre ancien maître, je me ferais un devoir et un plaisir de lui faire parvenir sur votre compte le meilleur de tous les certificats. »

Herr Stimmer sortit, la tête basse, en songeant aux aspérités de toute sorte dont est semé le chemin de la fortune.

Quant au colonel :

« En vérité, se disait-il, j'ai été trop naïf de croire un seul instant qu'il pût y avoir au monde une femme incapable de trahison, et surtout que cette femme était une Polonaise! A ce qu'il me semble, c'est un complot en règle que l'on trame contre moi dans la maison de la grande place. La belle Edwige en est sinon la tête, au moins l'instrument. Elle que j'ai tant aimée! Et que tu aimes plus que jamais! ajoutait son cœur, en battant à coups précipités. Mais si parfaite comédienne qu'elle se soit montrée hier, j'ai bien vu que, à certains moments, sous son masque, elle était vraiment émue. Si elle est patriote, elle est femme aussi; et « l'on revient toujours.... » comme dit la chanson française. Pauvre Edwige, quel rôle misérable lui fait-on jouer? est-ce qu'on le lui impose? ne l'a-t-elle pas choisi elle-même? Si je le savais! elle s'est trahie en m'invitant à dîner pour demain. Ah! que m'importe, en est-elle moins séduisante? Elle sera à moi; oui, oui, j'irai! Voudrait-on m'empoisonner? Vilaine mort! j'y prendrai garde. Mais non, il doit y avoir autre chose là-dessous. Je serai assez protégé, quand je tiendrai le brave Padhorski dans un cachot de la citadelle. »

Cette perfidie préventive à la russe devait aboutir à un plein succès. La police du Polonais, d'ordinaire si bien faite, fut mise en défaut cette fois. En voyant herr Stimmer rentrer chez lui singulièrement déconfit, au lieu d'aller faire son rapport, on négligea la surveillance de ce côté; si bien que le Polonais ne fut renseigné sur les événements de la nuit que le lendemain, et lorsqu'il était déjà trop tard. Le brave Padhorski qui, en effet, n'avait pas été instruit du renvoi de son secrétaire, le suivit sans défiance, sous des habits de paysan, après avoir rempli d'un nom quelconque le sauf-conduit du colonel. Au point du jour, en mettant le pied dans Modlin, il fut arrêté.

Herr Stimmer reçut une gratification, et courut se cacher dans son lit, en prétextant la fatigue. Il n'était rien moins que rassuré sur les suites de l'aventure; mais il se fit les plus beaux raisonnements du monde pour se prouver à lui-même que si le Polonais ne l'avait pas encore poignardé, c'est qu'il ignorait sa dénonciation. Or, se disait le petit docteur qui était un grand logicien, puisqu'il ne la sait pas déjà, c'est qu'il ne la saura jamais. A force de répéter le même raisonnement, il finit par s'endormir du sommeil du juste, qui, nul ne l'ignore, dure longtemps.

VII

L'arrestation du brave Padhorski fut tenue secrète. La journée s'écoula sans qu'on eût appris à Modlin qu'un des plus vaillants chefs patriotes était tombé dans un traquenard. Mme Padhorska l'ignorait comme tout le monde, quand on lui annonça le colonel qui venait dîner avec elle.

Le Polonais n'avait point reparu dans la maison de la grande place. C'était un homme prudent, et il n'avait pas jugé à propos d'avertir la belle Edwige, soit qu'il craignît de déranger certains projets, soit que, pour agir, il lui fallût des ordres.

Comme la veille, la jeune femme accueillit son ennemi le sourire aux lèvres. Le colonel, en la retrouvant calme et souriante, sentit redoubler sa défiance et ses soupçons. « Elle ne peut, pensa-t-il, ignorer l'arrestation de son mari. L'homme qui a menacé Stimmer a dû lui en faire part. »

Les premiers moments furent pénibles et froids. Ils parlèrent de choses banales ; ils s'observaient l'un l'autre comme deux mortels adversaires, cherchant à se dérober mutuellement leur secrète pensée. Ah ! quelle différence avec ces entretiens muets, mais éloquents, où ils se comprenaient si bien parce que leurs regards n'échangeaient que de l'amour !

Enfin, un domestique annonça que madame était servie. Le colonel offrit son bras à la belle Edwige, et ils passèrent dans la salle à manger. Lorsqu'ils eurent pris place à la table, la Polonaise fit le signe de la croix et pria. Son convive en fut frappé et touché : oserait-elle donc prier au moment d'assassiner un homme !

« Vous êtes toujours pieuse, Edwige, lui dit-il avec douceur.

— Qu'aurions-nous donc, lui répondit-elle, pour nous consoler des misères d'ici-bas, si nous n'avions pas Dieu ! »

Le colonel se tut. Son esprit inquiet, tourmenté, lui avait montré tout à coup dans une vision ironique Judith frappant Holopherne. Sa défiance lui était revenue au galop.

On servit. Au moment de porter la cuiller à ses lèvres, Worontzeff regarda la belle Edwige fixement, avec une opiniâtre persistance. Elle parut d'abord surprise d'une interrogation muette dont le sens lui échappait, puis effrayée de l'expression amèrement ironique, soupçonneuse, accusatrice même de ce visage où autrefois elle ne voyait jamais que la joie et la tendresse épanouies.

Il tenait toujours sa cuiller à la main, évitant de la porter à ses lèvres. Elle comprit enfin.

« Vous me croyez capable de vous empoisonner. Oh! c'est horrible, horrible! »

Et elle fondit en larmes.

Le colonel fut vaincu par ce cri sorti du cœur.

Ses yeux secs depuis si longtemps devinrent humides; et son visage, subitement rajeuni de dix années, n'exprima plus que la confiance et l'amour.

Il tomba à genoux devant la jeune femme :

« Pardonnez-moi, lui dit-il avec l'accent de la prière, pardonnez-moi ce soupçon outrageant. »

Puis il voulut couvrir de baisers la main de la belle Edwige; mais elle se recula en pâlissant.

« Ah! relevez-vous, dit-elle avec une irrésistible noblesse, et ne m'outragez pas une seconde fois. »

Le colonel céda comme un enfant surpris en faute. Et s'étant remis à table, il fit honneur au menu délicat et aux vins dignes d'une maison noblement hospitalière. Le dîner fut presque gai. Le colonel se livrait entièrement cette fois. Cette table merveilleusement servie, cette chère exquise, cette femme d'une beauté souveraine qu'il avait tant aimée, et qui était là maintenant devant lui, resplendissante sous l'éclat des bougies, cette fête des yeux et du cœur qui contrastait si étrangement avec sa mission sinistre, tous ces enchantements l'exaltaient et l'enivraient. N'était-ce pas un rêve divin ou diabolique ?

Edwige était émue, tremblante; elle souffrait. Par moments, elle trouvait sa tâche au-dessus de ses forces ; elle était alors tentée de quitter subitement la table et le salon, de sortir de Modlin et de se réfugier auprès de son mari qu'elle croyait encore à la tête de sa bande. Mais ses engagements vis-à-vis du Polonais la retenaient, et je ne sais quelle force mystérieuse aussi la clouait sur sa chaise. Elle s'efforçait d'être gaie, de sourire, de plaisanter même, tandis qu'une souffrance indéfinissable altérait ses traits et voilait l'éclat de ses yeux. Un accablement profond glaçait le rire et la parole sur ses lèvres, et la jetait tout entière dans une sorte de léthargie. Quelque effort qu'elle fît pour jouer son rôle de coquette et de frivole, sa tristesse ou sa mélancolie était la plus forte; et sa pâleur contrastait étrangement avec le ton dégagé de sa conversation.

Son convive, si enivré et si aveuglé qu'il fût, finit par s'apercevoir de l'altération de son visage.

« Vous souffrez, lui dit-il avec un tendre intérêt.

— Nullement, fit Edwige en s'efforçant de sourire.

— Votre pâleur m'inquiète.

— Je suis habituellement pâle.

— Ah! vous ne l'étiez pas autrefois! Je vous revois avec vos belles joues fraîches.... La vie, hélas! que la nature nous fit si douce, si bonne, mais que la société arrange si bêtement, a bientôt fait pâlir votre visage, et grimacer le mien. Il faut s'y résigner. D'ailleurs, vous ne fûtes jamais si belle qu'aujourd'hui.

— Ni vous plus galant, » dit avec effort Edwige en se levant de table.

Il vint s'asseoir sur un canapé à côté de la jeune femme, et se mit à la contempler en silence. Elle sentit ce regard qui la dévorait, et appuya sa tête sur l'une de ses mains, comme pour s'abandonner à ses rêveries. Mais elle regardait au fond d'elle-même, et avait peur de ce qu'elle y découvrait. Les yeux attachés sur elle possédaient une puissance magnétique, car elle les voyait partout, et leurs flammes la brûlaient; ils attiraient les siens, et il lui fallait lutter avec toute sa volonté pour ne pas céder à leur attraction presque irrésistible.

Le colonel lui prit la main qui restait libre, mais elle la retira aussitôt.

« Laissez-moi! fit-elle d'un ton bref.

— Edwige, s'écria Worontzeff, je t'aime, je t'aime toujours. »

Il allait se jeter à ses pieds. La porte du salon s'ouvrit; un domestique entra et fit un signe qui échappa au colonel. Mme Padhorska se leva.

« Pardon, monsieur.... »

Et elle sortit du salon.

Elle passa dans son oratoire; le Polonais l'y attendait.

« Madame, lui dit-il, le colonel est un misérable. »

La belle Edwige fit un mouvement.

« Soyez forte. La nuit dernière Padhorski est tombé dans un piége.

— Mon mari! grand Dieu! que lui est-il arrivé?

— On l'a arrêté. Le colonel se méfiant de vous, a voulu se couvrir d'une armure. Il s'est dit : « Si

« je tiens le mari, la femme est à ma discré-
« tion; elle n'osera plus rien entreprendre contre
« moi. »

— Un complot si lâche et si perfide !... c'est impossible.

— Madame, dit le Polonais d'un ton sévère, faut-il donc vous apprendre que le Russe vient d'Asie et que le sens moral lui manque? Ne justifie-t-il pas ainsi tous les moyens, tous, entendez-vous bien, que nous pouvons employer pour le chasser jusqu'au fond de sa steppe? »

Il y eut un silence.

« Oui! s'écria tout à coup la jeune femme, les yeux dilatés, les lèvres frémissantes, oui, contre ces infâmes, il n'est rien qui ne soit légitime; parlez, que dois-je faire? faut-il que je le soufflette au visage, faut-il que je le tue?

— Non, lui répondit le Polonais simplement, comme s'il trouvait ces offres les plus naturelles du monde, faites en sorte que votre mari soit relâché ce soir. L'épreuve que vous tenterez en sa faveur nous donnera la mesure de votre influence sur le colonel et de ce que nous pouvons attendre de lui. Tels sont les ordres. »

Il s'éloigna, tandis qu'Edwige, agitée par les sensations les plus violentes, tombait sur son prie-dieu en se tordant les mains. En vain cherchait-elle dans la prière un apaisement au tumulte de son âme. Des lèvres elle invoquait le ciel, mais son esprit demeurait attaché à la terre.

« Il ose me dire qu'il m'aime, pensait-elle, et il descend jusqu'à la ruse pour se protéger contre moi! Pour vaincre ma faiblesse, pour abuser de mon malheur, il lève le couteau sur le père de mes enfants! Et moi, aussi lâche que lui, je le plaignais encore, mon cœur par moments se révoltait contre tous mes devoirs. Pour ce bourreau, pour cet infâme, j'ai trahi dans ma pensée et mon époux et ma patrie, je me suis déshonorée vis-à-vis de moi-même! »

Et la pauvre femme sentit le rouge de la honte lui monter au front.

« Oui, ce Russe souillé de vices, ce Moskal au sourire satanique, ce tigre altéré du sang des nôtres, je n'ai pu le revoir sans me sentir émue, troublée, coupable! moi, une honnête femme, moi, une bonne mère de famille, moi, une Polonaise qui donnerais tout mon sang pour mon pays! O mon Dieu! s'écria-t-elle, en fondant en larmes, pardonnez-moi ce crime! Purifiez-moi de cette souillure, faites que je puisse désormais lever les yeux vers vous sans rougir! »

Alors, elle pria avec ferveur; puis se relevant, l'âme raffermie, le visage serein :

« Padhorski, toi qui m'as tant aimée, toi, si noble et si bon, toi que je vénère et que j'aime, je te sauverai.... ou je te vengerai! » Et d'un pas tranquille, elle se dirigea vers le salon.

Au bruit de la porte qui s'ouvrait, Worontzeff fit le mouvement d'un homme qui se croit menacé. Edwige disparue, le charme s'était évanoui. Ses craintes, ou plutôt ses soupçons, car sa bravoure égalait sa cruauté, étaient revenus l'assiéger, et il se disait :

« Je me suis jeté dans la gueule du loup : quelle sottise! Il faut que je m'arrache cet amour-là du cœur! Ce n'est pas avec du poison, mais avec le poignard qu'ils nous tuent d'ordinaire. Mais pourquoi tant d'embarras? Il était plus simple de m'assassiner chez moi comme ce pauvre Leichte. »

Aussi éprouva-t-il une véritable surprise, en voyant Mme Padhorska rentrer seule au salon, et ses yeux cherchèrent involontairement si elle ne cachait pas un poignard; mais comme les belles mains de la jeune femme n'étaient armées que de leurs ongles roses, il eut honte, rougit légèrement, et retomba aussitôt sous le charme.

« Allons, se dit-il, j'étais fou! c'est un ange! ne pensons plus qu'à l'amour. »

Et souriant, il s'avança vers la belle Edwige.

« Monsieur, dit-elle en l'arrêtant court, d'un regard aigu et dur comme une lame d'acier, vous vous êtes emparé de mon mari par une ruse infâme. »

Une pâleur livide se répandit sur le visage du colonel.

Il jeta sur la belle Edwige un regard plus dur encore et plus aigu que le sien.

« Padhorski, dit-il, est un traître et un rebelle. C'était mon devoir de le faire arrêter par tous les moyens.

— Ah! fit Edwige, superbe d'ironie, c'était votre devoir aussi de parler d'amour à la femme, pendant que vous tendiez un piége au mari!

— Vraiment, dit le colonel hors de lui, je ne sais qui me retient de vous faire arrêter vous-même.

— Faites, dit simplement Mme Padhorska.

— Voulez-vous me faire l'honneur, madame, de m'apprendre par qui vous savez l'arrestation de votre mari? »

La belle Edwige baissa la tête. Cette simple question n'était-ce pas un acte d'accusation en règle?

« Vous avec dû me trouver bien naïf, reprit le colonel d'une voix saccadée; ne m'avez-vous pas dit que j'étais le bienvenu? Ne vouliez-vous pas me protéger contre moi-même, remplir vis-à-vis de moi le rôle d'ange gardien? Ah! ah! fit-il, avec un rire sardonique, j'ai été bien près de vous croire, moi! oui, j'ai été bien près d'oublier que l'âme des femmes est pétrie de trahison et de mensonge, et qu'une Polonaise est plus menteuse et plus traîtresse que toutes les autres ensemble! Ah! j'aurai honte toute ma vie de m'être laissé jouer par vous comme un enfant.

— Et ce sera ma honte éternelle, dit la jeune femme, d'avoir été sincère en vous parlant comme je l'ai fait. »

Il la regarda avec stupeur.

« Edwige! Edwige! dit-il en frappant du pied, vous jouez là un rôle dangereux.

— La grâce de mon mari ! » fit-elle en tombant défaillante sur le parquet.

Lorsqu'il la vit à sa merci, épuisée par la lutte, le vertige d'amour le saisit :

« Je t'aime ! s'écria-t-il en s'agenouillant devant elle, pauvre enfant, je te brise, cruel que je suis! mais je t'aime, entends-tu bien, je t'aime! »

Et il voulut approcher ses lèvres de celles de la belle Edwige.

« Misérable ! » fit-elle.

Et elle le souffleta au visage.

Il rugit comme un lion blessé, il essaya de l'attirer dans ses bras; mais elle, se redressant d'un bond :

« A moi! à moi! » cria-t-elle en courant vers la porte.

Le Polonais entra.

« Ah! ah! dit le colonel à Edwige, du ton le plus méprisant, c'est là votre complice et votre espion. Mme Padhorska vous a-t-elle aussi chargé, mon brave homme, de m'assassiner avec le couteau que vous cachez dans votre manche?

— Non, répondit le Polonais avec calme, Mme Padhorska ne voudrait pas souiller sa maison de votre sang impur. Vous pouvez sortir tranquillement d'ici. A cette heure, vos juges sont assemblés, mais ils n'ont pas encore prononcé votre arrêt.

— Ah! vraiment! on me juge en ce moment! »

Et le colonel essaya de sourire, mais malgré lui sa bouche se contracta convulsivement.

« Oui, ajouta le Polonais, et votre sentence sera affichée demain matin sur les murs de la ville[1].

— C'est fort bien, dit le président de la cour martiale, mais mon tribunal à moi est encore plus expéditif. Le brave Padhorski sera jugé et fusillé dans une heure. »

Il s'élança hors du salon, laissant Edwige évanouie entre les bras du Polonais.

VIII

Nous avons quitté herr Stimmer dormant du sommeil du juste. Il n'avait pas paru de tout le jour

1. Il en est ainsi de tous les arrêts du tribunal révolutionnaire.

chez le colonel. En revenant le soir de chez Mme Padhorska, celui-ci le fit mander. Il était environ neuf heures. La même ordonnance que la veille vint frapper à la porte de l'espion; mais comme la veille aussi, elle ne reçut pas de réponse.

« Ah! çà, dit le soldat impatienté, vous dormez donc toujours vous, et de quel sommeil! on aurait plus tôt fait de réveiller un mort. »

Mais il avait beau heurter, appeler et pester, herr Stimmer s'obstinait dans son silence.

« Êtes-vous donc sourd et muet? lui criait l'ordonnance à travers la porte opiniâtrément close. Je ne suis pas le diable qui emporte les bureaucrates en enfer! Une fois, deux fois, voulez-vous m'ouvrir, oui ou non! Je n'ai pas de pli du colonel à vous laisser, et il faut absolument que je vous parle à vous-même. Une commission mal faite, cela vaut cent coups de verges! merci! Répondrez-vous, mille millions de tonnerres, une fois, deux fois, trois fois! »

Et d'un vigoureux coup de pied, il fit voler la porte en éclats. Mais quelle fut sa stupéfaction en voyant herr Stimmer dormant du sommeil du juste, avec un poignard dans le cœur et un arrêt de mort sur la poitrine !

IX

Padhorski fut jugé et exécuté le soir même dans la forteresse de Modlin, pendant que, de son côté, le tribunal révolutionnaire condamnait au dernier supplice le colonel Worontzeff.

La sentence se trouva le matin affichée sur les murs de la ville.

Mme Padhorska avait passé la nuit à prier dans son oratoire. Au point du jour le Polonais pénétra chez elle.

Il fit un pas en arrière : elle était effrayante à voir ; livide, les yeux sanglants, les cheveux épars. Quel effroyable combat s'était-il livré dans son âme ?

« Je me suis sentie lâche devant cet homme, dit-elle, oui, lâche et coupable jusqu'au bout. Mais l'expiation égalera la faute. Votre couteau ! c'est moi qui frapperai. »

Vers huit heures du matin, une femme voilée se présente à la porte du colonel.

« On ne passe pas, dit le factionnaire.

— Mais....

— C'est la consigne.

— Laissez entrer, » dit un vieux domestique.

Et il ajouta à l'oreille de la sentinelle :

« C'est la maîtresse du colonel. »

Worontzeff n'était pas levé. En voyant la belle Edwige entrer dans sa chambre, il laissa échapper un cri :

« Toi ! toi! ici?

— J'ai voulu te revoir pour te dire que je te hais et te méprise comme le plus vil des hommes.

— Est-ce tout?

— Non ! » fit-elle.

Et, prompte comme la foudre, elle lui cloua sur la poitrine l'arrêt du tribunal révolutionnaire.

Une heure plus tard, en sortant de Modlin avec le Polonais :

« J'ai vengé mon mari, dit-elle ; il me reste maintenant à mourir pour mon pays. Alors peut-être aurai-je expié un lâche et coupable amour, et pourrai-je me le pardonner à moi-même. »

Dans les premiers jours de septembre, la belle Edwige périt en combattant les Russes.

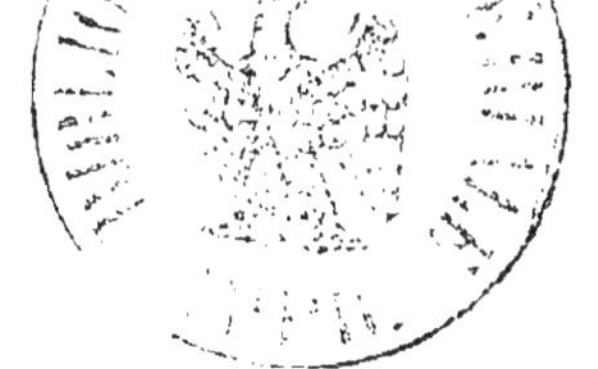

FIN.

TABLE.

FIN DE LA TABLE.

PARIS. — IMPRIMERIE DE CH. LAHURE
Rue de Fleurus, 9

Paris. — Imprimerie de Ch. Lahure, rue de Fleurus, 9.

www.ingramcontent.com/pod-product-compliance
Ingram Content Group UK Ltd.
Pitfield, Milton Keynes, MK11 3LW, UK
UKHW021903260726
13966UKWH00006B/408